학교 속의 힐링캠프,
보건교사 사용설명서

학교 속의 힐링캠프, 보건교사 사용설명서

(행복한 아이들, 행복한 교사들의 베이스캠프 : 나는 보건 교사다)

[행복한 교과서®] 시리즈 No. 41

지은이 | 엄주하
발행인 | 홍종남

2019년 4월 28일 1판 1쇄 발행
2020년 12월 3일 1판 2쇄 발행(총 3,000부 발행)

이 책을 만든 사람들
책임 기획 | 홍종남
북 디자인 | 김효정
교정 교열 | 주경숙
제목 | 구산책이름연구소
출판 마케팅 | 김경아

이 책을 함께 만든 사람들
종이 | 제이피씨 정동수 · 정충엽
제작 및 인쇄 | 천일문화사 유재상

펴낸곳 | 행복한미래
출판등록 | 2011년 4월 5일. 제 399-2011-000013호
주소 | 경기도 남양주시 도농로 34, 부영e그린타운 301동 301호(다산동)
전화 | 02-337-8958 팩스 | 031-556-8951
홈페이지 | www.bookeditor.co.kr
도서 문의(출판사 e-mail) | ahasaram@hanmail.net
내용 문의(지은이 e-mail) | symy0103@naver.com
※ 이 책을 읽다가 궁금한 점이 있을 때는 지은이 e-mail을 이용해 주세요.

ISBN 979-11-86463-41-3
〈행복한미래〉 도서 번호 072

※ [행복한 교과서®] 시리즈는 〈행복한미래〉 출판사의 실용서 브랜드입니다.
※ [행복한 교육학®] 시리즈는 〈행복한미래〉 출판사의 교육학 브랜드입니다.

※ 본문에 들어간 그림은 PxHere(pxhere.com)에서 사용하였습니다.

학교 속의 힐링캠프, 보건교사 사용설명서

| 엄주하 지음 |

행복한미래

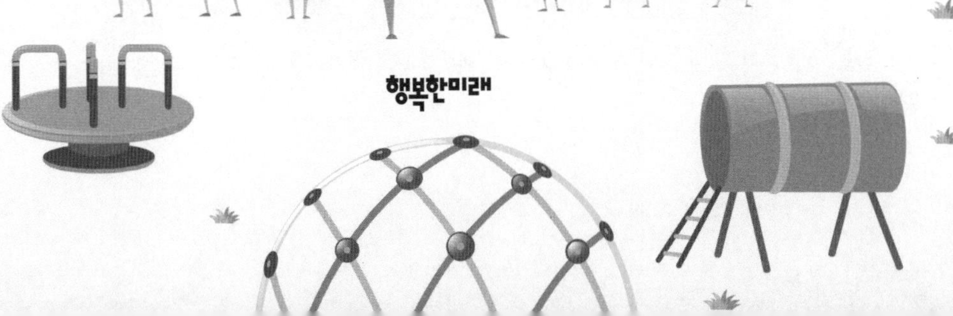

프롤로그

교사와 아이들의 힐링캠프, 보건실을 아시나요?

어느 날 근무하던 학교로 한 통의 전화가 왔다. 저자가 근무하는 초등학교의 졸업생인데, 지금은 간호학과 3학년이고 2주간의 의료봉사활동을 하고 싶다고 하였다. 그렇게 봉사활동으로 인연을 맺게 된 그녀는 대학 4학년 때 교직 실습을 우리 학교로 다시 왔다. 한 달 동안의 교직 실습이 다 끝나고 보건실에 대해 이렇게 말했다. 보건교사는 아이들과 교직원을 대상으로 처치와 보건수업, 보건사업 등 정신없이 많은 일을 하는데, 주변 사람들은 보건교사에 대해 아직도 '양호교사' 시절의 처치만을 하는 편한 직업이라고 생각하는 것 같아서 속상하다고 하였다. 사실 교직 실습하기 이전에는 자신도 보건실에서 이렇게 많은 일을 하는 줄 몰랐다고 하였다.

예전에 양호교사일 때는 주요 업무가 '처치 중심'이었다면, 2002년 초 · 중등교육법에 의해서 보건교사로 명칭이 바뀜에 따라 그 역할도

변화되고 확대되었다. 보건교사는 눈에 보이지 않는 가시 상처부터 목숨이 왔다 갔다 하는 위급한 상황까지, 이런 상황에서 처치하고 약을 주는 의사 영역을 담당하고 있다. 또한, 질병이 발생하지 않도록 미리 예방하는 보건소 영역, 건강증진사업과 보건교육까지 해야 하는 교사 영역, 그리고 아이들과 선생님을 상담하는 상담사 영역까지 건강과 관련된 일을 하는 곳이다. 보건실은 처치 영역에서 볼 때 몸이 아플 때, 다치거나 삘 때, 간단하게 응급처치하는 곳이라 생각하지만 사실 많은 경우 두통이나 복통 등의 증상은 스트레스가 신체에 영향을 미쳐 나타나는 경우가 많다. 보건실에 오는 아이들이 7년 전보다 두 배 정도로 늘어난 이유가 거기에 있다.

보건실에는 학생들도 오지만 교사들도 찾아온다. 이들은 신체적 증상을 가지고 찾아오는데, 이것은 마음의 상처가 스트레스가 되어 신체적인 증상으로 나타나는 것이다. 엄마에게 혼이 나서 배가 아픈 아이, 여자 친구의 거절로 마음이 아픈 아이, 사춘기 아이들의 연애 상담, 아이들의 버릇없는 행동에 스트레스받는 교사, 학부모의 폭언과 갈등, 계속되는 민원에 스트레스받는 교사까지. 이들에게는 몸의 치료뿐만 아니라 마음의 치유도 필요했다. 질병은 몸과 마음이 함께 하는 것이어서, 단순하게 몸을 치료하는 것이 아니라 마음을 함께 다루어야 하기 때문이다. 질병을 이해하는 것은 신체적인 문제뿐만 아니라 그를 둘러싼 환경을 이해하는 것이기 때문이다. 보건실은 자신과 주변을 이해할 수 있도록 보건교육과 함께 건강증진사업 등으로 건강한 생활이 될 수 있도록 하는 것이다.

특히 가정으로부터 사회로부터도 보호받지 못하고 친구, 교사, 성적, 부모로부터 상처를 받은 아이들은 마음의 아픔을 몸의 아픔으로 이야기하고 있다. 이들은 어느 한 곳에서라도 위로를 받고 싶어 찾아온다. 보건실에 찾아오는 아이들을 부적응자, 문제아로 보기보다는 '마음'이 아픈 아이들로 바라봐 줘야 한다. 이들은 치료와 치유를 통해 다시 일상생활 속으로 돌아가 생활할 수 있도록 해야 하는 아이들이다. 아픈 아이들을 학교에서 품었을 때 사회에 대한 불만의 씨앗은 더 커지지 않고, 더 큰 학교폭력이나 성폭력이나 흡연, 자살 등 사회문제를 예방할 수 있다. 학교에서 학생이나 교직원 모두 처치와 치유를 통해 다시 일상으로 돌아가 건강하게 살아갈 수 있도록 하는 곳, 보건실은 힐.링.캠.프.다!

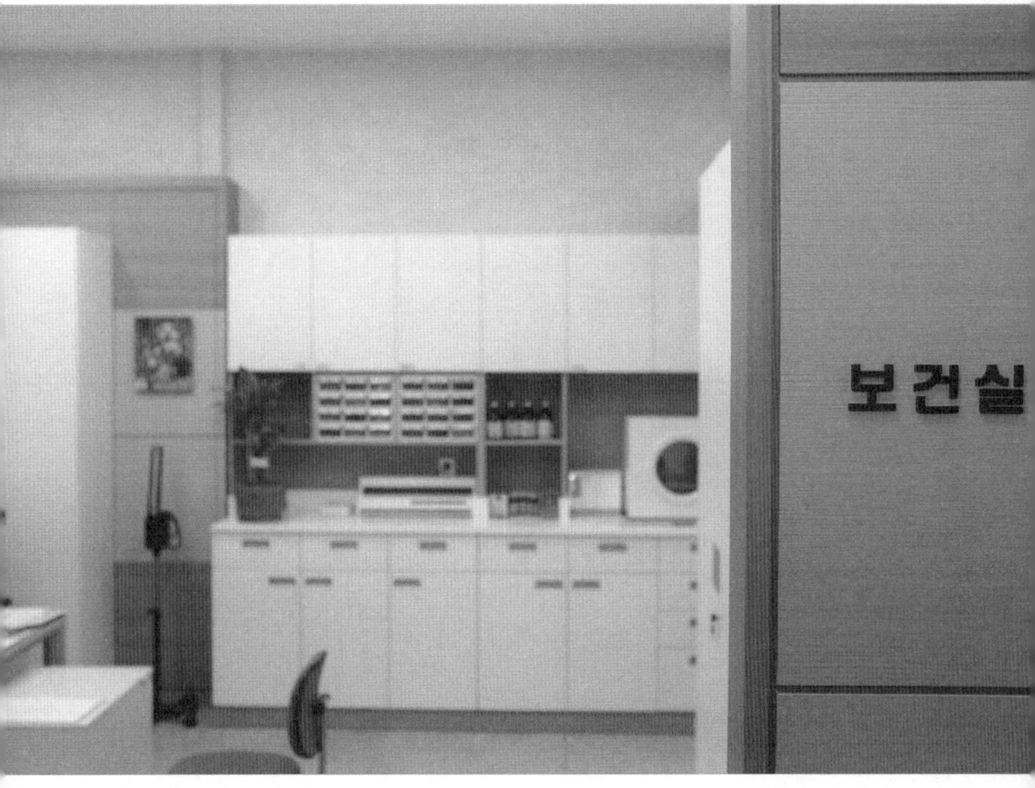
보건실

차례

3부. 보건실에서 일어나는 좌충우돌 성장 스토리

4부. 마음이 아픈 아이들, 치유가 필요한 아이들

5부. 아이들 덕분에 교사도 성장한다

6부. 교사라면 꼭 알아야 할 학부모 갈등 해결 매뉴얼

SCHOOL BUS

1부

학교에서
상처를 받다

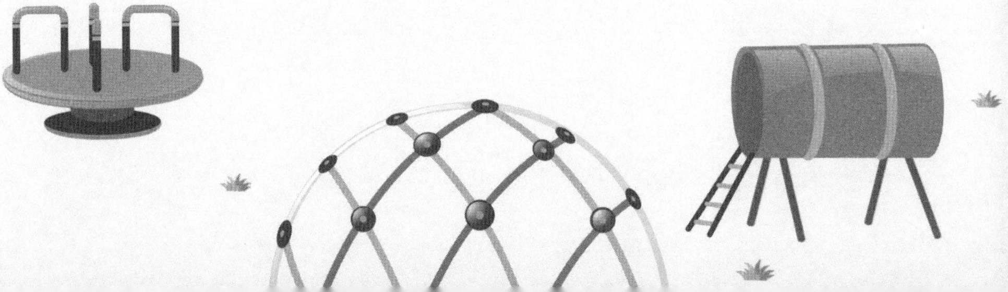

①

보건교사도 임용고시 봐요?

병원에서 일할 때였다. 온몸을 다쳐 눈만 깜빡거릴 수 있는 환자들, 통증에 괴성을 지르는 환자들을 보면서 나는 너무 힘든 시간을 보냈다. 그렇게 1년 정도를 근무한 후 나는 아이들과 함께할 수 있는 학교로 눈을 돌렸다. 언니, 오빠, 나까지 대학을 다니던 당시 집안 형편 때문에 장학금을 꼭 받아야 하는 상황이었다. 열심히 공부해 성적 상위 10%에 들었고, 교직과목을 이수할 자격을 얻었다. 수업 이외에 추가적으로 교육학 수업을 더 들어야 한다는 것이 버거웠지만 앞으로 어찌될지 모른다 싶어 교직 수업을 듣고 학점이수를 받았다. 그렇게 갖게 된 보건교사 자격증이 또 하나의 길을 만들어주었다.

실습생에게 보건교사가 되고 싶은 이유에 대해 물어본 적이 있다. "대학 때 의료 봉사활동을 갔었는데 아이들에게 건강한 생활습관을 가르치는 것이 너무 보람 있었어요. 내 교육활동으로 아이들이 건강해지고 행복해지고 변화하는 모습을 보면서 학교 보건교사가 되기로 결심했지요." 또 다른 학생은 이렇게 답했다. "의사가 되고 싶었는데 성적이 안 되었어요. 간호과에 가서 아이들을 치료하고 가르치는 것도 의미가 있겠다는 생각이 들어 준비하게 되었어요." 많은 간호학과 학생들이 이렇게 아픈 아이들을 돌보며 건강한 몸과 마음을 가질 수 있도록 교육하겠다고 출발한다. 일방적인 지시 중심의 병원보다 주도적이고 독립된 환경에서 자신의 전문성을 발휘할 수 있는 보건교사의 매력적인 교직생활을 열망하면서 말이다. 나 역시 그랬다. 밝은 아이들로 가득찬 학교는 그야말로 신세계였다. 병원에 근무할 때는 병원만 보이더니 학교에 근무하면서 학교, 특히 내가 머물게 된 초등학교만 보였다. 낯선 길을 갈 때면 학교를 중심에 두고 위치를 파악할 정도였다.

그러나 예상과 달리 보건교사는 의료적인 전문성보다는 학교에서 필요로 하는 일들을 하는 사람이었다. 여자 교사가 유치원 교사와 나밖에 없었던 상황이라 운동회 때는 다른 학교에 가서 포크댄스를 배워와 아이들과 주민들에게 가르치기도 했다. 걸스카우트를 담당하여 아이들과 함께 주말이나 여름방학, 겨울방학 때 캠프 활동을 했고, 담임교사에게 일이 생기면 수업도 대신했다. 학교가 작다 보니 행정보조 역할까지 했다. 학교에 외부 손님이 오면 접대를 위해 커피를 타오라고 했고, 우유 급식에 점심 급식까지 온갖 잡일은 내 차지였다. 어떤 보건교사는 신규시절에 학교 전체가 먹을 보리차를 끓이기도 했다고 한다. 그런 일상이 계속되자 '내 직무가 커피 타고 화장실 점검하는 그런 정도밖에 되지 않는 건가?'라는 자괴감이 들었다.

큰 학교로 옮긴 후에도 이런 생활은 여전했다. 비담임 교사인 보건교사는 수업시수가 일반 교사보다 적어 상대적으로 여유 있는 것으로 인식되었고, 이런 인식 때문에 각종 잡무를 떠맡게 되었다. 못 한다고 거부하면 행정직원과 갈등이 생겼다. 환경시설인 정수기, 학교방역, 미세먼지, 공기질 검사, 크리스마크씰 판매, 안전공제회 등 '건강'이라는 단어와 연관되면 모두 다 보건교사의 업무가 되었다. 보건교사에게 되도록 행정업무를 주지 말라는 교육청의 권고에도 여전히 건강이라는 글자가 붙은 환경업무는 내 몫이었다.

어떤 교사는 "보건교사도 교사인가요? 보건교사가 되려면 임용고사도 봐야 하나요?" 하면서 전혀 몰랐다는 듯이 이야기한다. 그중 일부는 "보건교사가 간호사지 무슨 교사냐?"며 36 대 1의 시험을 거치고 교사로 발령받았지만 교사로서의 내 정체성을 부인했다. 이런 식으로 학교에서의 비주류인 보건교사는 교사보다는 의료인이라는 이미지가 있다. 아이가 다쳐 오면 큰 병원으로 보내고, 까진 상처에 약이나 바르는 이로 치부했다. 당연히 교과 교사보다 낮은 지위로 인식되었다. 가르치는 교사로서의 역할보다는 의무실의 간호사 또는 학교 간호사의 이미지와 행정실 직원의 역할이 주가 되었다. 그런 일이 오랜 시간 반복되니 직업의 존재감과 정체성에 혼란이 왔다. 내가 과연 간호사인지, 교사인지, 행정직원인지 어디에 서 있어야 하는지 당황스러웠다.

임용시험을 통해 교사로 발령받았지만 주변의 인식은 달랐다. 아무리 열심히 일해도 수업 안 하는 '꿀 보직'이었을 뿐이다. 대충 아이들을 돌보고 아무나 할 수 있는 간단한 처치만 하면 되는 세상 편한 직업이라는 인식 때문에 인정받기 어려웠다. 잘 하려고 제대로 하려고 노력하면 할수록 "일 벌이지 말고 하라는 일이나 잘하라"는 말을 들을 뿐이다. 성실함과 노력이 아무 소용이 없었고 그 가치를 인정받지 못하자 자존감이 떨어지고 점점 주눅이 들기 시작했다. 학교생활은 당연히 즐겁지 않았다. 철학자 헤겔은 "나의 가장 큰 불행은 현재 상태에 대한 나의 의식과 내가 마땅히 권리를 가지고 있는 어떤 상태에 대한 의식 사이의 모순 탓이다"라고 말했다. 딱 내 얘기지 싶었다.

일반 직장인을 대상으로 '직장에서 가장 자존감이 낮아지는 경험'이 무엇인지를 물었다. 응답 결과 가장 많은 응답은 업무 무능력감, 무시받은 경험, 낮은 평가결과, 대인갈등, 비교, 개인적 가치 등이었다. 보건교사들 역시 학교에서 자존감이 낮아지는 경험들로 힘들어하고 있

다. 주어진 일을 다 소화하지 못할 때, 업무 전문성을 갖추지 못하고 있다고 느낄 때, 해결책을 제시하지 못할 때, 기술이나 지식이 부족할 때, 내 업적을 인정받지 못하고 무시받을 때, 내가 하는 일의 본질이 무시당할 때, 사람과의 관계에 치일 때, 같이 들어온 동기는 먼저 승진하는데 승진의 기회조차 없을 때, 의미 없는 업무를 수행할 때 등 학교는 보건교사의 자존감을 없애는 구조였다.

잠시 멈춰 서서 나를 되돌아보며 물었다. '이 길을 계속 가고 싶은가? 아니면 방향을 바꾸어 다른 것을 해야 할까? 내 삶은 뭔가 잘못됐어.' 뭔가 잘못되었다고 느낄 때 개선이 시작된다는 말처럼 변화가 필요했고, 그럴 수 있는 용기도 필요했다. 어느 순간 '나 자신이 허락하지 않는 한 그 누구도 내가 열등감을 느끼게 만들 수 없다'고 결심했다. 주변 사람들에게 이해받지 못한다고 해서 내 삶을 포기하고 그들이 마음껏 휘젓도록 가만두지 않겠다고 결심했다. 누군가의 나침판에 기대어 가기보다 나만의 나침판인 자존감을 찾아 이름뿐인 교사로 취급받지 않고 교육전문가로서 성장하는 보건교사의 길을 가기로 선택했다.

②

간호학과 10% 학생, 보건교사로의 눈물겨운 스토리

처음 학교에 발령받았을 때 나는 가진 것이 없었다. 대학에서 간호학을 전공했고 교육학을 이수하여 관련 자격증을 갖추었지만 실무경험은 1년의 내과병원 경력과 초등교사들과 함께 받은 초등교육 연수가 전부였다. 정작 학교에 오자 보건업무나 교육 등 뭘 어떻게 해야 할지 매뉴얼조차 없었다. 경기도 연천 부대지역에 있는 학교였는데 발령받은 사람들은 2년이 지나면 다른 곳으로 떠났고, 대부분 초임교사들이어서 남아 있는 자료는 자료라고 할 수 없을 정도로 빈약했다. 막막한 심정으로 전임자가 두고 간 서류만 뒤적일 뿐이었다.

아이들의 건강을 책임져야 하는 보건교사로 발령이 났지만 교육청에서는 아무런 도움이 없었다. 어떻게 아이들을 치료하는지, 어떻게 상담하는지, 어떻게 수업해야 하는지 막막하기만 했다. '배가 아프다, 머리가 아프다'는 외부적인 증상을 돌볼 뿐 보이지 않는 아픔에 대해서는 도대체 왜 아픈지도 몰랐고, 그러다 보니 내 처치가 제대로 된 것인지 불안하기만 했다. 간호학을 공부하고 병원에 있는 소아과, 내과, 산부인과 등에서 실습도 했지만 학생 때의 짧은 경험으로 다양한 질병에 대해 알 수는 없는 일이다. 병원에서 근무할 때도 어른들을 대상으로 내과나 응급실 등에서 심한 증상의 환자만 봤을 뿐이기 때문에 아이들의 소소한 신체나 건강 사정에 대해서는 자세히 알지 못했다. 아이들의 질병 증상은 어른과 정도가 다르기 때문에 어떻게 진단을 하고, 어떤 약을 줄 것인지, 약에 대한 부작용은 무엇인지 알 수가 없었다. 한마디로 '돌팔이'가 된 기분이었다. 보건교사로서 갓 태어난 아기 수준이라는 철저한 무능함을 깨달았을 뿐이다.

교육학을 이수하고 학교실습을 했을 뿐 어떻게 가르쳐야 하는지도 모른 채 발령을 받았다. 부족함을 느끼고 수업에 관련된 연수를 받고 싶어도 건강에 대한 연수조차 없었고 그나마 교육 기회가 있어도 '보건교사가 수업에 관한 연수가 뭐가 필요해'라는 인식이어서 늘 순위에서 밀렸다.

사회가 복잡해지면서 아이들의 질병에 대한 예민도가 늘어 많은 질병이 나타난다. 흔히 먹는 부루펜도 어떤 아이에게는 치명적이다. 한번은 이런 일이 있었다. 아이가 점심을 먹은 후 머리가 아프다고 보건실에 왔다. 체온을 측정하니 38.5가 넘어서 약을 먹였다. 퇴근 후 담임교사에게 연락이 왔는데 그 학생이 약에 대한 알러지가 있어서 호흡곤란으로 응급실에 갔다는 것이다. 1학년 학생 중에는 후시딘에 알러지가 있는 아이도 있었다. 이렇듯 약에 대한 부작용은 아이마다 다르다. 약뿐만 아니라 의학이 발달함에 따라 이유를 알 수 없었던 질환들의 원인이 밝혀지면서 새로운 질병이 늘어나고 그에 따른 정보와 지식 역시 늘어난다. 새로운 의학적 지식이 나올 때마다 당연히 공부가 필요하다. 가장 기초적인 심폐소생술만 봐도 예전에는 심장마사지와 인공호흡이 주였다면 요즘은 호흡보다 심장압박을 중요하게 판단해 인공호흡은 실시하지 않는다.

특히 요즘은 아동 비만, 신종플루 등 신종 감염병, 미세먼지로 인한 건강문제, 우울증과 무기력, 성폭력과 학교폭력, 자살 등 아이들의 건강과 관리에 대한 요구가 늘고 있지만 학교 안에서 업무의 전문성을 도와주는 사람은 거의 없다시피 한다. 신규 보건교사는 "의료인이 혼자라는 말이 왜 나왔냐면, 신규인데도 이 업무를 잘 아는 사람이 저뿐인 거예요. 묻고 싶어도 물어볼 사람이 없고 교육청에 물어도 학교에서 알아서 하라고 하잖아요" 하며 도움받지 못하는 현실에 대해 힘들어했다. 교육부에 연구사 2명, 각 도에 초중등 장학사 2명이라는 적은 관리자 수만 봐도 전문적인 연수나 교육보다는 현장에서 터지는 문제를 처리하기에도 급급하다.

일반 교사에게 문제가 생기면 함께 가르쳐주고 해결해주는 동료 교사가 있고, 부장 교사, 교감, 교장이 있지만 학교에서 하나뿐인 보건교사는 가르쳐주는 사람도 없이 그야말로 모든 것을 혼자 책임져야 한다. 보건교사들은 입을 모아 "보건과 관련된 업무는 내 판단만으로 완전히 혼자 결정해야 한다는 것이 많이 부담스럽습니다"라고 말한다. 다른 학교 구성원들은 전공이나 업무가 다르기 때문에 도움을 청할 수도 없다.

오로지 혼자 배워서 혼자 판단하고 결정해야 하는 직업, 즉 동료나 선배가 없는 직업이 보건교사다. 누구 하나 도와주는 사람 없이 스스로 자신의 자리를 만들고, 학습과 배움을 통해 그 자리를 다지고 굳히며 오로지 혼자 보건교사의 역할을 해내야 하는 것이 현실이다.

또한 학교에 대체 의료인이 없는 상황인지라 출장 갈 일이 생기거나 몸이 아프거나 외출 등의 이유로 자리를 비우는 것이 부담스럽다. 어떤 보건교사는 학교 졸업식과 딸 졸업식이 겹쳐서 학교 졸업식이 다 끝나면 잠시라도 다녀올까 고민 중이었는데, 그때 교내방송에서 할머니가 쓰러졌다는 말을 듣고 바로 현장으로 달려갔다고 한다. 그때 그 자리에 없었다면 이후 어떤 시선을 받았을지를 생각하니 개인사를 접어두고 항상 학교를 우선시 해야겠다는 마음이 생겼단다. 요양호자 아이가 있는 학교에서는 잠시 화장실을 가거나 결재를 받으러 가는 것도 조심스럽다. 보건실을 비울 때면 언제 어디서 발생될지 모르는 응급상황에 퇴근하기 전까지 긴장의 연속이다. 응급을 요하는 일들이 가끔 한 번씩 닥치기 때문에 하루를 시작하면서 매번 기도를 드린다. 정말 아무 일 없이, 오늘 하루도 무사히 잘 지나가게 해달라고 말이다.

경력이 20년이나 된 지금도 마찬가지다. 여전히 응급상황이 닥치면 어느 누구의 도움도 받지 못하는 상황에서 등짝에 식은땀부터 줄줄 흐르고 두려움이 앞선다. 그래서 문제가 생길 때마다 뭐가 문제일까 고민하고 그것을 해결하고자 했다. 많은 시간 의학책을 뒤적이며 아이들이 어디가 아픈지, 어떤 증상일 때 어디서 통증을 느끼는지를 공부했다. 상담책을 통해 아이들의 문제행동은 무엇인지 살펴보고 늘 관찰하고 어떻게 해야 할까를 고민했다. 교육학 책을 보면서 어떻게 잘 가르쳐야 하는지 분석했다. 생명을 다루는 직업인 만큼 제대로 처치하지 못한 작은 실수가 엄청난 결과로 이어지기 때문에 업무에 대한 전문성을 키울 수 있도록 공부는 생존을 위한 필수가 되었다.

③

학교에서 주변 교사로 산다는 것

병원에 근무했을 때는 흔한 말로 몸은 힘들어도 마음은 편했다. 동료나 병원 사람들은 같은 일을 하기 때문에 내가 무슨 일을 하는지 어떤 부분에 어려움을 느끼는지 말로 하지 않아도 공감했고 도움과 위로를 받았다. 보호자에게 험한 말을 듣거나 선배 간호사에게 괴롭힘을 당했을 때도 동료로부터 위로와 지지를 받으며 동지의식과 동질감을 느낄 수 있었다. 간호사라는 고향을 떠나 학교에 들어서자 이리저리 뛰어다니지 않아도 되고, 3교대도 없어 몸이 힘든 것은 줄었지만 마음은 더 힘들어졌다. 보건교사는 간호사와 전혀 다른 직종이었고, 게다가 나 한 명뿐이었으며 정서적으로나 업무적으로 지지하고 도와줄 수 있는 사람이 없었다.

교직사회는 끼리끼리 문화가 굉장하다. 보건교사와 수업교사는 업무가 다르고 그 일마다 고충이 있다는 것을 서로 이해하기보다 다른 영역에 대한 이질감이 먼저였다. 시간이 지나도 학교 일원으로서의 동질감을 느끼거나 어디에 소속되어 있다는 소속감을 가질 수가 없었다. 교육대학교 출신의 교사가 주류를 이루는 초등학교에서 이런 다름은 수많은 상처로 돌아왔다.

나는 사람들과 소통하는 것을 좋아한다. 비슷한 생각을 하는 사람에게는 동질감을 느끼고, 다른 생각에도 내가 생각해보지 못한 새로운 관점을 볼 수 있어 좋기만 하다. 그러나 현장에서 만난 교사 중 일부는 다름 자체를 인정하지 않았고 편을 갈랐으며 보건교사가 하는 일을 깍아내리고 폄훼했다. 서로 다른 의견이 있을 때면 내 생각과 다를 수 있다는 전제가 아니라 '너는 틀렸다'라며 반대편으로 몰아세웠다. 부당하다고 생각했지만 '아무도 편들어줄 사람이 없는데 내가 참고 끝내는 것이 편하지. 더 이상 일을 크게 만들고 싶지 않아' 하며 침묵했다.

어떤 보건교사는 "직업을 잘못 선택한 것 같아요. 보건소로 가면 동료가 있는데 여긴 동료도 없고 솔직히 직업 만족도가 떨어져요. 기회가 되면 옮기고 싶어요"라며 학교에서 왕따 아닌 왕따로 혼자라는 것이 얼마나 힘든지 하소연했다. 사람은 누구나 자신이 속한 집단의 각자의 자리에서 일의 의미를 느끼고 싶고, 소속감을 느끼고 싶어 한다. 혼자만 동떨어져 외톨이나 왕따로 살고 싶은 사람은 아마 없을 것이다.

나 역시 다른 교사들에게 이해받기를 원했고, 그 문화 속에 소속되기를 원했다. 다른 사람과 잘 지내고 싶어서 겉으로나마 친하게 지냈다. 나와 상관없는 이야기가 나올 때면 소외감을 느껴 자리를 뜨고 싶었지만 혹시나 그런 마음이 내보일까봐 선뜻 일어서지 못한 채 사람들과의 관계에 집착했다. 누군가의 부당한 부탁에도 거절하면 학교에서 외톨이로 지내야 하는 걸까 싶어서 주변의 기대에 응하는 착한 보건교사의 이미지를 고수했다. 그러나 이런 노력은 금방 실망으로 바뀌었다. 소소하게는 함께 먹는 자리에서 빼거나, 다른 직원들은 모두 갔는데 나만 혼자 덩그러니 연락도 못 받거나, 체육대회 때 체육복 지급을 안 챙긴다는 것을 나중에 알게 되었다. 때로는 너무 사소한 것이라서 서운함을 언급하기도 뭐했지만, 교사들이 나쁜 사람들이라서 일부러 그런 게 아니라는 것을 알면서도 서운했다.

처음 몇 년은 화가 났지만 반복될수록 무념의 경지에 오르듯 소외감을 받아들였고, 위축된 자신의 직업적 존재감을 인정했고, 나라서 그런 게 아니라며 위안하고 상처받지 않으려고 노력했다. 아프지 않은 척, 강한 척, 아무렇지도 않은 척, 민낯을 드러내면 치사할까봐 괜찮은 척하는 가면을 썼다. 우리 대부분은 멀리 있는 특정한 누군가로부터가 아니라 내가 아끼는 주변 사람들로부터 상처받는다. 함께하고 싶어서 교직문화와 사람들 관계에 공을 들였으나 날이 갈수록 다름은 받아들여지지 않았고 사소한 실망이 반복되면서 관계를 끊기도 했다. 어떤 이들은 외톨이처럼 지내는 나에게 사람들과 어울릴 수 있도록 동호회 활동을 해보라고 조언했지만 수업시간 후에도 수시로 보건실로 찾아오는 아이들이 있어 다른 활동이 쉽지 않았다. 그러다 보니 어느덧 교직사회의 주변인으로서 느끼는 소외감은 일상이 되었다.

자신을 포기하지 않으면서 다른 사람과 관계를 맺는 방법이 필요했다. 어느 날 폭력예방 연수를 받으러 갔는데 강사가 하는 말이 내 마음을 파고들었다. 다른 사람의 평가에 왜 그토록 신경 쓰느냐고 했다. 다른 사람들이 하는 좋은 말들은 믿지 않으면서 왜 부정적인 말에는 그렇게 매달리냐고 말이다. "모든 사람들이 여러분을 좋아한다는 것은 여러분에게 무슨 문제가 있는 것입니다. 어떠한 누구도 모두를 기쁘게 할 수는 없으니까요."

그날 이후 학교에서 주변인이라는 내 위치를 받아들였다. 자신의 상황을 받아들이고, 내 위치의 약점을 양분 삼아 다른 사람들의 시선과 직업적인 편견에 대해서도 받아들였다. 우리에게 필요한 것은 치유뿐만 아니라 상처와 더불어 살아도 된다는 것을 깨닫는 일이다. 자신이 처한 조건을 벗어나서 얻는 무엇이 아니라, 그 조건을 껴안은 채 살아내는 방식이 더 중요한 거라고. 약점을 받아들이고 내 현재를 인정하고 받아들인 후 주변의 기대를 벗어나서 나만의 경계를 정하고 지켜나갔다. 나만 힘들거나 나에게 상처를 주는 관계는 미련 없이 관계의 끈을 놓아버렸다. 관계를 상실할 용기가 필요한 일이었다.

긴 시간 학교 주변부 교사로서 받은 소외와 외로움이라는 상처는 관계에 대해 생각할 수 있는 기회가 되었으며, 나와 같은 처지의 아이들에게 더 관심을 갖게 만들었다. 아이러니하게도 중심이 아닌 주변에 꼿꼿이 서자 교육의 문제를 통찰할 수 있는 시각을 갖게 되었고, 덕분에 교육 문제도 객관적으로 제시할 수 있게 되었다.

④

교사 vs 보건교사, 나는 누구인가?

아이가 뇌진탕 증상을 보여 급하게 병원에 함께 갔다. 의사는 보호자인지를 물었다. 학교 보건교사라고 이야기하자 익숙한 듯이 "아, 양호선생님이군요" 했다. 2003년, 양호교사가 보건교사로 바뀐 지 15년이 지났는데도 여전히 TV나 드라마 속에서는 양호선생님이라고 불리고 있었다. 사람들은 양호교사가 왜 보건교사로 바뀌었는지, 그게 무슨 차이가 있는지 묻곤 한다. 양호교사는 주로 전염병 예방접종과 아이들이 다쳤을 때의 응급처치에 중점을 두어 학교에 상주하는 간호사로서의 역할을 한다. 보건교사는 간호사 역할에 보건교육이 더해진다.

사실 그전에도 보건교육은 실시되었다. 중고등학교 때 붕대를 감으며 응급처치를 배웠던 기억이 있을 것이다. 학교에 보건교육 교사, 교련교사가 따로 있었다. 그러나 시대의 요구에 따라 교련 교과가 없어지면서 사실상 보건교육은 사라졌고 각 교과에 조금씩 편제되었다. 그러나 체육시간 보건편에 있던 부분마저도 국·영·수에 밀려 체육시간으로 바뀌었고, 교과에는 있지만 수업은 하지 않았다. 성 문제, 흡연, 음주, 약물 오남용, 비만, 운동부족, 스트레스로 인한 문제행동이 늘어나고, 아이들을 자살로까지 내모는 왕따나 학교폭력, 자살률의 지속적인 증가 등 더 이상 개인적인 문제가 아니라 사회적인 문제로 대두되고 있는데도 제대로 된 교육은 이루어지지 않았다. 정신적, 신체적, 사회적 건강을 위협하는 이런 상황은 학교 보건교육의 필요성을 더욱 크게 부각시켰다.

이러한 요구는 학교에서도 꾸준히 제기되었다. 보건실에 아프다고 오는 아이에게 예방교육만 했어도 아이가 아프거나 다치지 않고 때론 후유증 없이 완치되었을 거라는 생각이 들곤 한다. 사건이 일어난 후의 사후처리가 아니라 예방이 필요하다. 예방접종으로 병을 물리치듯 예방교육의 필요성에 대해 꾸준히 요구하고 노력해왔다. 초등학교에서는 체육시간을 활용하여 수업했고, 중고등학교에서는 교련 과목으로 수업했다.

성남의 한 초등학교에서는 5학년 남학생들이 아르바이트로 성매매 전단지를 돌리고, 원조교제의 유혹에 빠지는 아이들도 있었다. 아이들의 무지로 성적 위험에 빠지는 것을 막기 위해 성교육이 필요하다고 주장하며, 주어진 법정시수도 없는 상태에서 구걸하듯이 필요한 시간을 받아내 보건교육을 한 적도 있다. 담임교사에게 성교육을 하라고 해도 경험이 없으니 어떻게 교육해야 할지 어려워하고 수업이 제대로 이루어지지 않았다. 학부모들은 학교에서 성교육이 제대로 되지 않는다며 불만을 토로하지만 그 실적은 숫자로만 남을 뿐이다. 연 20시간을 담임 교사와 연계하여 성교육을 하라고 지시해도 이루어지지 않는 것이 현실이다.

체육 교과에 있는 약물남용, 건강한 생활, 감염병이나 예방접종에 대해서도 직접 현장에서 처치해본 경험이 있기에 보건교사가 더 쉽게 이론화시킬 수 있다. 더 전문적이기 때문에 체육교사보다는 교육내용에 깊이 연관되어 있는 보건교사가 수업에 더 적당하다. 정식적인 교과수업이 없을 때도 아이들에게 예방교육을 해왔다. 일부 교사는 보건교사가 승진을 위해서 보건 교과를 만들었다고 말하기도 했지만 수업을 만들기 전에도 예방교육의 중요성을 감지하고 꾸준히 실시하고 있었다. 교육부에서는 높아지는 요구에 따라 제대로 된 보건교육을 할 수 있도록 교과화한 것일 뿐이다. 과거에는 처치 등 사후처리 중심이었지만 교육과 건강증진을 위한 예방교육이 더해지면서 명칭이 양호교사에서 보건교사로 바뀌었다.

아이를 둔 학부모라면 누구나 보건교육의 필요성에 대해 공감한다. 서울대학교 간호학 윤순녕 교수의 조사에 의하면 초·중·고등학교 학생, 학부모, 일반 교사의 보건교육 요구조사에서 보건교육의 필요성에 대해 찬성한 학생, 학부모는 학년이 올라가면서 수치는 조금 낮아졌지만 98% 정도로 나타났다. 일반 교사의 경우에는 학년이 올라가면 갈수록 늘어 고등학교 교사가 95% 정도로 나타났다. 100세 시대에 건강에 대한 요구가 높아지면서 보건교육의 중요성을 인식하고, 질 높은 보건교육에 대한 높은 요구를 보여주는 결과라고 할 수 있다.

보건 교과 담당자로 누가 적절한가에 대한 질문에 보건교사라는 대답이 80% 이상이었다. 전문적인 의학적 지식이 필요하기 때문에 보건교사에게 그 역할이 부여되었다. 그래서 초등학교 5, 6학년에서는 반드시 7차시 수업을, 중고등학교는 선택 교과로 배울 수 있도록 했다. 학급수가 많아지면 수업량도 많아져 17차시로 늘어난다. 보건교사는 아이들의 변화를 잘 돌볼 수 있는 전문적인 지식과 처치법, 잘 가르칠 수 있는 교수법, 아이들과 좋은 관계를 맺을 수 있는 인간관계의 기술뿐만 아니라 아이들의 마음을 이해하고 상담할 수 있는 상담법 등 다양한 무기를 갖추려는 노력이 필요하다.

학교에서 많은 시간을 보내는 아이들이 보다 행복한 삶을 위한 필수조건인 '건강'을 관리할 수 있도록 '몸과 마음이 조화롭게 발달'한 건강한 사람을 만들 수 있는 교육이 필요하다. 아이들에게 질 높은 교육과 처치가 제대로 이루어지려면 학교에 단 한 사람뿐인 의료인에 대한 관심이 요구된다. 내 아이의 건강을 위해 학교의 보건교사가 간호사이자 교사의 역할을 제대로 하고 있는지, 만약 그것이 제대로 이루어지지 않고 있다면 그 원인이 어디에 있는지에 대해 파악해야 한다.

⑤

어느 날 아이들의 상처들이 보였다

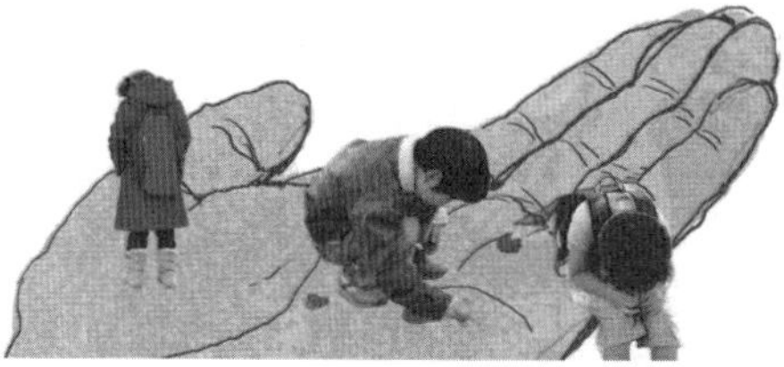

출근하자마자 복도에 길게 줄을 서 있는 아이들을 먼저 봐준다. 대부분 몸이 아파서 오지만 이유 없이 아프다며 하루에 대여섯 번을 들락날락하는 아이도 있다. 아침마다 문을 열고 “아파요”하며 인생 다 산 듯한 찡그린 얼굴로 다가왔고 매일 보건실에 죽치는 아이와 함께 덩그러니 앉아 있기도 한다. 상처나 다리가 삐거나 누구나 볼 수 있고 알 수 있는 통증이라면 어떻게라도 해줄 텐데 매번 별 이상도 없어 보이는 아이가 수업하기 싫어서 꾀병 부리듯 이곳저곳 아프다고 하면 답답하기만 했다.

민주적인 분위기는 갑과 을을 평등한 관계로 회복시키기 위해 성장해왔다. 평등한 인간으로 교사의 인권이 필요하듯 아동의 인권도 필요하다. 과거에는 학교에서 교사가 갑이었다면 요즘은 아이, 학부모가 갑이다. 아무리 무리한 요구를 해도 해야 하고, 싫은 소리와 인격적 모욕도 감내해야 하며, 감정 노동자가 되어 각종 민원에 시달려야 한다. 약을 먹여라 마라, 성교육을 하라 마라, 사소한 사고에도 119를 왜 안 불렀냐, 사고발생 시 제대로 처치한 거냐며 학부모의 목소리가 높다. 사고가 나면 혹시나 자기 아이에게 피해가 갈까봐 담임교사에게 하지 못하는 심한 말을 보건교사에게 퍼붓는다. 누군가에 의해 자기 아이가 피해를 보았다고 생각하면 그 정도는 심했다. 과거 학창시절의 '양호실'과 현재 보건교사로 있는 '보건실'은 다르다. 내가 어릴 적에도 양호실이 있긴 했지만 가본 기억도 거의 없고, 많이 다치거나 심하게 아플 때나 가는 곳이었다. 요즘은 몸이 아픈 아이들보다 돌봄을 받지 못하는 아이들이 많이 온다. 매일 아프다고 하는 아이들, 우울증과 무기력감에 시달리는 교사들, 건강에 예민한 학부모의 민원에 감정의 찌꺼기를 받아 담는 쓰레기통으로 소진되는 기분이었다.

2년 차인 어느 날, 부모의 돌봄이 없는지 머리는 떡이 져 있고 옷은 더럽고, 우울해 보이는 아이가 보건실에 왔다. 사랑에 굶주린 듯 매일 찾아드는 아이에게 때로는 처치를, 때로는 안쓰러운 마음에 맛있는 것을 건네곤 했다. 아이의 표정은 차츰 밝아졌지만 나중에는 출근하자마자 시작해서 아침, 점심, 퇴근할 때까지 하루에도 몇 번을 찾아왔다. 더 이상 해줄 수 있는 것도 없는데 한두 번도 아니고 보건실에 오면 올수록 아이가 더 학급에 적응하지 못하는 것 같아 처음과 달리 상냥함을 거두고 사무적인 관계로 대하기 시작했다. 아이도 눈치를 챘는지 점차 발걸음이 뜸해졌다. 나중에 아이가 안 보여서 담임교사에게 물었더니 아이가 전학을 갔다는 것이다. 엄마 아빠가 이혼하고 할머니 댁에서 자랐는데 일하느라 바쁜 할머니는 아이를 돌볼 시간이 없었고, 아이가 딸의 앞길을 막는다는 원망이 더해져 살갑게 대하지 못했다고 한다. 그 후 아빠가 와서 데려갔다는 얘기를 들었다.

아이는 작은 관심을 원했을 것이다. 보건교사인 나조차 눈에 보이는 상처만 치료하면 된다고 생각하며 아이 마음의 상처까지 들여다보지 못했다. 아이들과 이야기하다 보면 문제행동은 아이가 나빠서가 아니라 주변환경이 원인인 경우가 많았다. 아이가 아니라 부모의 문제라는 것도 알게 되었다. 진짜 그랬다. 엄마한테 말로 받은 상처, 아빠에게 맞아서 생긴 상처, 친구들로부터 놀림받은 상처, 교사로부터 공부 못 한다고 받은 상처 등 아이가 세상 속에서 받은 상처들이 점차 보이기 시작했다. 엄마에게 혼나서 배가 아픈 아이, 엄마 아빠가 싸우는 바람에 밤새 잠을 제대로 자지 못해서 머리가 아픈 아이, 엄마의 사랑이 늘 부족한 아이, 더러워서 친구들이 놀아주지 않아 외면받고 있는 아이, 친구들에게 왕따를 당해서 온몸이 아픈 아이, 교사들에게 나쁜 아이라고 낙인찍힌 아이, 집주인 할아버지에게 성폭력을 당한 여자아이의 상처를 보았다. 아빠에게 오빠에게 맞아 퉁퉁 부어 오른 허벅지를 보이는 아이, 시험지의 틀린 개수만큼 맞아야 하는 아이, 피아노 콩쿨 대회를 앞두고 부담감에 숨도 제대로 못 쉬고 쓰러지는 아이 등 부모의 수만큼 각기 다른 수많은 상처에 어떻게 해야 할지 몰라 몸으로 아프고 있었다.

부모의 과잉보호 또는 학대, 방임, 방치되는 아이들도 있었다. 부모들은 먹고살기 위해 아이를 방치했고, 때론 턱없이 욕심을 부렸다. 어른들로부터 아이들은 그렇게 상처받았고 존중받지 못하고 보호받지 못했다. 아이들은 그 분노를 반항으로 표현했다. 아이들은 최후의 보루로 숨쉴 구멍을 찾아 보건실로 향한다. 교직사회에서 학교 문화에서 제대로 된 보살핌도 지원도 받지 못하고 상처받은 보건교사였던 나와 같은 모습이었다. 나와 같은 상처를 가진 아이들은 더 잘 보였다. 왜 이토록 아이들을 보기가 힘든가 생각해보니 거울에 비치듯 아이들은 나를 닮아 있었다. 아파본 사람은 그 아픔을 알 수 있다. 얼마나 끔찍한지를 안다. 그래서 위로받고 싶었던 것이다. 누군가의 따뜻함으로 치유받고 싶었는지도 모른다.

그래서 매번 친절하자고 다짐한다. 내게는 하루에 100명 중 한 명이지만, 그 아이에게는 내가 처음일테니 항상 반갑게 맞아주면서 아픔을 함께하려고 노력했다. 받아들여진다는 느낌이 들어야 아이 자신의 이야기를 꺼내기 때문이다. 판단하거나 평가하지 않고 있는 그대로를 들어주면 때로는 상처의 비밀까지 드러내곤 한다. 너무 잘해주면 아이들이 너무 많이 와서 힘드니 좀 사무적으로 대하라는 팁을 주는 이들도 있다. 솔직히 너무 힘들 때면 그러고 싶을 때도 있다. 그러나 어쩌랴. 힘든 순간 자신을 받아들여줄 한 사람이 더 있다고 생각하게 하고 싶었다. 힘들 때 살려달라고 이야기할 수 있는 마지막 사람이 내가 될 수도 있기 때문이다.

⑥
아이들의 상처에서 나의 가치를 발견하다

학교는 다른 아이들이 상처를 받든 말든 공부 잘하는 아이가 항상 우선이다. 인정하든 안 하든 소외되고 적응하지 못하는 아이들을 보살피는 돌봄의 가치는 덜 중요하다는 분위기가 있다. 나 스스로는 돌보는 일이 가치 있는 교육이라고 생각하는데, 주변에서 보건교사의 가치가 크지 않다고 생각하니 의욕이 생기지 않았다. 어떤 보건교사는 이렇게 말했다. "학교라는 큰 구조를 돌아가게 하는 데 걸리적거리지 않도록 뒤치다꺼리를 하는 듯한 내 모습이 별로 매력적이지 않아요. 누군가의 인생에 영향력이 있는 사람이 되고 싶었는데, 그런 기억이 거의 없네요." 나 또한 보건교사로서의 일이 배움도 재미도 보람도 없었다. 그래서 월급 받는 만큼만 일하자고 결심한 적도 있다. 병원에 다니는 친구들과 3분의 1이나 차이 나는 월급을 비교하며 나 자신의 게으름을 합리화했다. 받는 돈이 적으니 일도 적게 하면 되는 거라며.

아무리 즐거웠던 취미도 직업이 되면 힘들 듯 직장이 무조건 즐겁고 보람찰 수는 없다. 그러나 지금 하는 일이 즐겁지 않으면 이유를 찾아야 한다. 스스로 비하하거나 불만족스러운 일로는 행복할 수 없기 때문이다. 무엇을 계획하든 마음의 소리를 들어야 했다. 그래서 먼저 보건교사로 즐겁게 일할 수 있는 방법을 고민했다. 우여곡절을 거쳐 그 해결책은 내가 있는 자리에서 일의 재미와 가치를 스스로 찾는 것이라는 결론에 도달했다.

"자신에게 중요한 일이 무엇인지를 확실히 알고 있으면 누가 뭐라든 흔들리지 않아요. 그러려면 역시 하고 싶은 일을 스스로 택해야만 합니다."
"남과 비교하지 말고, 정말 내가 하고 싶은 것을 하세요. 세상의 기준에 맞춰 힘들게 살지 마세요. 행복은 내가 선택하는 겁니다."

공항 알바생에서 일본 최고인 청소의 신이 되기까지의 이야기를 담은 니이츠 하루코의《세상에서 가장 행복한 청소부》에 나온 말이다. 그는 자신의 가치를 찾고 청소 일에 자부심을 느끼며 묵묵히 쓰레기를 줍고 청소를 한다. 평생 구두를 만들고, 도자기를 만드는 명인들에게서 지위와 명예보다 소명이 먼저 느껴지듯 한 사람을 전문가로 만들어주는 것은 소명 의식인 모양이다. 일이 가치 없다고 투덜거리기보다 이곳에서 내가 무엇을 할 수 있는지를 아는 것이 중요했다. 생각이 바뀌자 매 순간들이 살아나기 시작했다. 소소한 일상의 기쁨은 스스로가 선택해 찾아가는 일이다. 예전에는 나만 잘 해주고 보상받지 못해 상처받았다. 내가 이 정도 해줬으니 이 정도는 당연히 나에게 하겠지라며 말이다. 때론 상처받지 않기 위해 상대가 해준 만큼만 해주었다.

그러나 나의 가치, 일의 가치와 의미를 발견하자 대가를 바라지 않고 일하게 되었다. 일반 교사와 비교하거나 사회적 지위나 명예가 있는 교사로서 인정받지 못하더라도 내 자리에서 나에게 주어진 일들을 하며 지낸다면 나에게도 아이들에게도 기여할 수 있다고 생각했다. 보건교사일뿐이라는 위축된 마음을 떨치고 다시 일어날 수 있었던 것은 '나는 학교 안에서만큼은 의료 전문가'라고 생각할 수 있었기 때문이다. '밴드나 붙이려고 학교에 왔나'라는 생각을 떨치고 나만 잘할 수 있는 일에 집중하기 시작했다. 남이 시켜서가 아니라 나 스스로 무엇이 아이들에게 도움이 되는지 적극적으로 찾았고, 시도할 때마다 나는 내 삶의 주인공이 되었다. 먼저 손을 내밀어 도와줄 것이 없는지 살펴보았다. 더욱 더 열심히 아이들을 돌보고 아이들의 아픔을 치료했다. 작은 상처에도 밴드를 붙여주며 아이의 아픔을 함께 공감했고, 하찮은 일에도 가치를 두었고, 있는 그대로의 나인 보건교사를 받아들이고 그 자리에서 내가 할 수 있는 일을 했다.

"배 아파요" 했을 때 단순히 소화제 하나를 주는 게 아니라 배가 아플 수 있는 원인을 염두에 두고 어디가 아픈지 촉진과 시진을 하고, 밥은 무엇을 먹었는지, 대변의 형태는 설사인지 변비인지를 확인하고, 소화기능은 어떤지 등에 대해 질문하면서 진단했다. 보건실에서 해줄 수 있는 찜질이나 수지침, 테이핑요법 등과 함께 다양한 약에 대한 지식을 이용하여 아이의 통증을 줄여주고자 노력했다. "보건선생님이 치료해줘서 이제 배가 안파요"라는 말을 들으면 아이들의 통증을 줄이는 데 도움이 되었다는 기쁨이 다가왔다. 아이들이 꿈을 꿀 수 있고 자신을 사랑할 수 있도록 해주고 싶었다. 나처럼 방황하고 힘든 아이들이 자신의 가치를 다시 들여다보고 건강하게 살 수 있도록 해주고 싶었다. 주도적인 선택은 즐거웠고 열정을 불러일으켰다.

세상에 작고 큰일이 따로 없고, 모든 일에는 그 나름의 가치와 의미가 있어 모두 소중하다. 그리고 서로의 일에 가치를 부여해주고 상호 존중하는 것이 필요하다. 적어도 배우긴 그렇게 배웠다. 그러나 내 일에 의미와 가치를 부여하고 내 소명을 진심으로 깨닫고 나서야 비로소 적극적으로 삶에 참여할 수 있게 되었음을 고백한다. 사람들은 자신이 가진 직업을 통해, 일을 통해, 함께 일하는 사람들과 자신의 역할과 존재를 통해 자신의 가치를 발견하는 것 같다. 그것이 무엇이든 혼자 하는 일이 아니며, 교사, 학부모, 아동 등의 상호작용 안에서 이루어진다. 특히 보건교사라는 직업은 가르치는 일과 아이들을 돌보는 일을 함께 한다는 정체성이 있고, 내 일이 내 삶뿐만 아니라 아이들, 학부모, 사회에까지 영향을 끼친다는 사실도 알게 되었다.

내가 하고 있는 일이 사람들에게 도움이 되고 기여한다고 생각하고, 일을 통해 삶의 의미와 목적을 이루어 나갈 때 주변의 어떠한 시선에도 어떤 상황에서도 흔들리지 않고 자신감을 가질 수 있다. 다른 사람의 인정에 앞서 나 자신에게 인정받으면 된다고 생각했다. 그래서 나 스스로 멋진 사람이라고 나에게 인정받기로 했다. 그래야 자신의 일과 삶에 천직 의식을 가지고 지속적으로 긍정적인 의미와 가치를 부여할 수 있고, 문제상황을 이겨내고 성장할 수 있기 때문이다. 영웅처럼 타인만을 위해 살아갈 수는 없지만 아이들을 위해 내 자리에서 작은 도움을 줄 수 있을 때 내 인생이 더 행복해지고 더 따뜻해진다는 것은 알게 되었다. 다른 사람의 성장을 돕는 것으로 결국 내가 행복해졌다. 거창하지 않다. 완전히 이기적이다. 나 좋자고 하는 일이니 생색낼 것도, 몰라준다 짜증 낼 일도 없다.

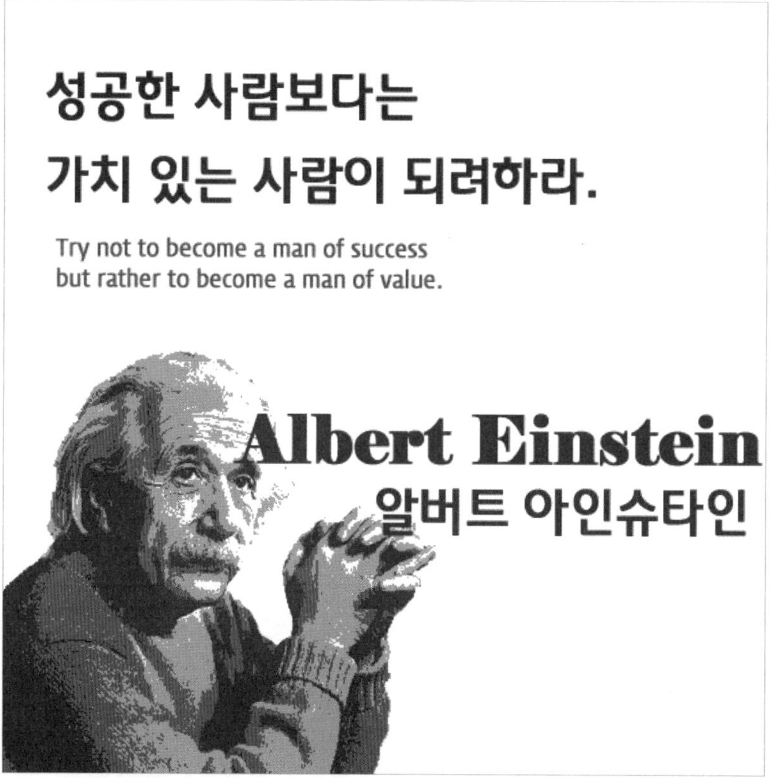

아인슈타인은 "성공하는 사람보다 가치 있는 사람이 되기 위해서 노력하라"고 말했다. 내 가치에 대한 깨달음이 생기자 아이들을 대하는 태도부터 바뀌었다. 월급 받는 만큼만 일한다는 차가움에서 벗어나 아이들의 아픔을 자세히 들여다볼 수 있게 되었다. 아이들이 어디가 아픈지, 아이들을 도와주기 위해 내가 어떤 능력을 가져야 하고, 내가 어떤 도움을 줄 수 있는지를 살피게 되었다. 아이들에게 필요한 사람이 되는 것이다. 나는 아이들의 아픔을 돌보고 예방하는 학교 간호사이자 교사다. 남들이 알아주지 않아도 내 안의 빛을 찾고 있는 내 모습이 맘에 든다.

SCHOOL BUS

2부

교사,
배우면서 가르치는
선생님으로 성장한다

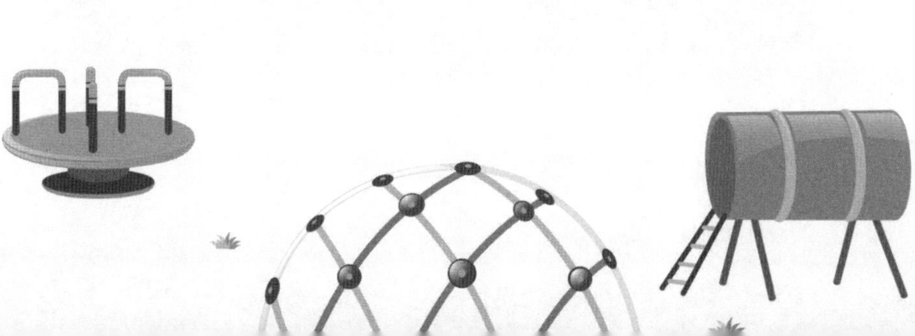

①

보건교육, 교육해야 하는 이유를 알다

초임지를 떠나 두 번째로 간 학교는 성남이었다. 부자동네 성남이 아니라 눈이 오면 차도 못 올라갈 정도로 열악한 위치에 있는 학교였고, 창밖으로 시내가 한눈에 내려다보이는 산꼭대기였다. 그곳에서 초등학교 1학년 여자아이에게 성폭행이 일어났다. 한집에 살고 있는 주인 할아버지가 여자아이를 성폭행한 후 엄마에게 말하지 말라며 협박을 한 사건이었다. 반대의 경우도 있다. 5학년 남자아이가 친구네 집에 놀러 갔다가 엘리베이터 안에서 유치원 아이의 몸을 보고 만지는 등 성추행으로 가해자가 되었다. 이렇게 아이들이 성폭력 피해자가 되기도 하고 가해자가 되기도 하는 것은 성에 대해 알지 못하기 때문이다. 호기심에서 시작한 장난이 남긴 결과다.

TV 속에서나 보는 흉악한 딴 세상 이야기가 아니라 내가 돌보는 아이들에게도 이런 문제가 발생하고 있었다. 요즘 아이들은 사춘기의 왕성한 호기심에 대중매체와 인터넷의 영향이 더해져 무분별하게 쏟아져 나오는 건강정보에 노출되어 있다. 이게 다가 아니다. 음주, 흡연, 약물 오남용, 비만 등 건강은 위험 수준에 도달했으며 자살, 인터넷 중독, 주의력 결핍, 과잉행동으로 학교에 적응하지 못하고 있다. 폭력, 성관련 범죄 등 사회범죄 행위도 증가하고 있다. 문제행동에 대한 상담이나 교육, 치료조차 제대로 이루어지지 않은 채 초등학교 저학년까지 이런 현상이 내려가는 저연령화로 이어지고 있다. 사회적인 문제뿐만 아니라 신체적, 건강적 측면에서도 잘못된 생활습관으로 만성적으로 배나 머리가 아프다고 한다.

우리는 사회범죄가 떠들썩하게 생길 때마다 근본적인 해결보다 보여주기식 해결을 우선시했다. 문제의 심각성과 아동 건강의 중요성을 알면서도 당장 눈앞에 보이는 것에 신경 쓰다 보니 체계적이고 예방적인 학교보건 정책은 없었다. 성폭력이 문제가 되자 외부 성교육강사로 교육하라는 지시가 내려왔을 뿐이다. 학교에서 일회성 수업에 문제를 제기하고 의지를 보이며 제대로 된 수업을 하려고 해도 수업시수나 인력을 확보해주지 않았다. 고도비만, 당뇨, 난치성 질환 등 건강상 문제가 있는 아이들은 체계적인 관리가 아니라 병원에서의 건강검진으로 대체했다. 우울이나 자살, 폭력 등 정신건강 문제에 대해서는 근본적인 상담이나 관리 없이 정서행동발달 검사를 통한 진단과 일부 치료만 있었을 뿐이다. 사회적으로 문제가 생길 때마다 질병 예방 및 자기 건강관리를 위한 교육보다는 그때그때 위기를 모면하기 위한 땜질 처방으로 대처하고 있다. 행정적 노력에도 불구하고 늘어만 가는 성폭력, 흡연, 음주, 자살 관련 사고들이 더욱 더 사후처치가 아닌 예방교육이 필요함을 증명해주고 있는데도 말이다.

중국의 명의로 알려진 화타가 길을 가다가 한 사람과 마주쳤다. 그는 화타의 의술을 침이 마르게 칭찬했다. 이를 들은 화타는 "저보다 저의 형님이 훨씬 뛰어납니다. 병을 치료하는 게 아니라 아예 병에 걸리지 않게 만드니까요"라며 이미 병에 걸린 사람들을 고치는 자신의 재주보다도 병을 미리 예방하는 데 힘쓴 형의 실력을 높이 샀다. 그렇게 뛰어난 명의였음에도 불구하고 사람들은 화타의 형을 가벼운 병이나 다루는 보잘것없는 의원으로 여겼다고 한다. 여전히 현대에서도 예방의 중요성이 간과되는데 '보건교육에 1달러를 투자하면 14달러의 의료비를 절감'하는 경제적 효과가 있다는 WHO 연구결과를 눈여겨봐야 한다. 사회병리 현상에 대한 예방교육, 상담, 치유를 이제는 보건교육에서 찾아야 한다. 교육을 통해 건강문제를 해결하기 위해 노력하는 것은 매우 중요하다. 전 세대 중 학생 시기의 교육 효과가 가장 뛰어나다. 유치원부터 고등학교까지의 학생이 전체 인구의 1/4을 차지하기 때문이기도 하지만 교육으로 건강한 습관을 들이기 쉬운 시기고, 어렸을 때의 생활 습관은 평생 유지되기 때문이다.

늦지 않았다. 위기일 때 예방교육의 효과는 더욱 빛난다. 신종플루 감염에 대한 공포가 밀려왔을 때도 아이들에게 '왜 손을 닦아야 하는지, 손을 어떻게 닦아야 하는지'에 대한 구체적인 방법과 교육을 실시한 결과 질병의 30% 이상이 학교 현장에서 사라졌다. 심폐소생술교육으로 아이들이 부모나 주변 사람들을 살리기도 하고, 구강교육과 흡연 예방교육으로 의료비를 절감하고, 성교육으로 자신의 성을 올바르게 받아들이고 성폭력에 대한 인식의 변화 즉 가해자 중심 교육에서 피해자 중심 교육이 사회를 변화시켜 '미투' 운동의 밑바탕이 되었다. 외국도 마찬가지다. 스웨덴 또한 예방교육으로 성범죄 사고를 줄였다. 어린 나이의 낙태, 성병 등이 문제가 되었을 때 성교육을 법으로 명시하여 '부모가 자녀의 학교 성교육을 반대할 수 없다'는 조항이 있을 정도로 성교육을 강조했다. 초등학교 입학과 함께 연령에 따라 남녀의 차이, 임신, 성기의 구조, 자위행위, 피임법, 육아까지 실제적인 내용을 가르친다. 이런 올바른 성교육이 성범죄를 줄인다. 안전사고 역시 사전교육만으로도 실제 사고의 70%까지 예방이 가능하다.

OECD 국가 중 많은 곳에서 이미 학교 보건교육을 의무화하면서 건강 주체성을 되찾고, 건강 형평성을 이루기 위해 적극적으로 노력하고 있다. 나는 내가 사는 사회를 바꾸기 위해 당장 정치가가 될 수는 없으나 교육은 할 수 있었다. 아이들이 성폭력 피해자가 되고 가해자가 되는 현실 속에서 옮겨 가는 학교마다 꾸준히 예방교육을 했다. 보건교육으로 조금이라도 아픈 아이들이 줄고 사회가 건강해지지 않을까 하는 내 노력이기도 하다.

②

강의식 교육에서 수업의 문제점을 찾다

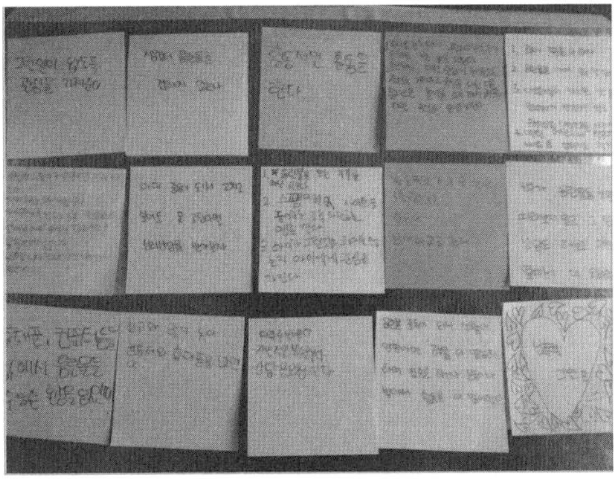

처음 성교육 수업을 했을 때는 수업 지도서를 들고 씨름을 했다. 교육학이 부족하다고 느꼈기에 컨닝하듯이 수업을 배우기도 하고, 시험을 치르기 위해 달달 외우기만 했던 교육학 책을 다시 들여다보며 수업 현장에 적용했다. 그때는 일방적인 강의식 수업이었음에도 불구하고 아이들은 호기심 어린 눈으로 온전히 집중해주었다. 초임 발령 당시만 해도 교사들은 대부분 책을 읽고 중요한 내용을 칠판에 적었고, 아이들은 읽고 머릿속에 넣는 수업을 했던 시기였다. 혼자 떠들더라도 사례라도 섞어 이야기해주었으면 좋았을 텐데 오로지 지식을 넣어주기에 급급해 '너를 위한 일'이라며 칠판에 쓰고 받아 적게 하고 외우도록 시켰다. 아이들의 생각을 묻지 않았다.

시간이 지나면서 수업을 어떻게 하면 좀 더 효과적으로 전달할 수 있을까에 대한 고민이 시작되었다. 좀 더 좋은 수업을 위해 잘 짜인 시나리오를 준비했다. 아이들 수준에 맞는 교육자료를 준비하고 한 시간 동안의 각본을 써온 다음 행동을 유도했다. 교육자료를 어떤 방법으로 제시하고 어느 정도까지 알게 하면 되겠다고 짐작하면서 수업을 준비했다. 토씨 하나 틀리지 않고 완벽하게 연기할 수 있도록 관객 앞에 선 무대의 주인공이 되어 철저하게 연습했다. 의도는 훌륭하고 노력은 가상했으나 1시간 내내 아이들을 계속 집중하도록 만들기는 어려웠고, 아이들 또한 잠시 집중하다가 다시 어수해지면서 재미없어 했다. 열심히 준비했는데 지루해 하거나 딴짓하는 아이들을 볼 때마다 분하고 자존심이 상했다. 수업시간에 시끄럽게 떠들고 장난하는 아이들을 어떻게 다루어야 할지 부족함을 느꼈다. 한동안은 내 수업을 반성하기보다 잘 안 듣는 아이들을 탓하며 책임을 미뤘다.

교육학자 파울로 프레이리는 주입식 교육에 대해서 "학습자를 인간이 아닌 지식을 담는 용기로서 여긴다. 암기식 교육체계는 인식력과 창의력을 발달시킬 수 없고 현실을 변화시키기보다 변화를 두려워하게 만든다"고 했다. 나중에는 무엇을 전달할까가 아니라 아이들이 기대하는 것이 무엇인지를 먼저 고민했다. 그것은 배움에 대한 호기심이다. 지식영역에서 아이들이 알지 못한 것을 알도록 만들고, 자신들이 생각하지 못했던 현상에 대해 새로운 시각을 제시하고 해석해줄 때 아이들은 학습활동에 의욕적으로 참여하며 즐겁게 수업했다.

무엇이 배움에 대한 호기심을 갖지 못하고, 집중하지 못하고, 수업을 재미없고 지루하게 만드는지를 살펴보기 시작했다. 재미난 수업을 위해 여러 가지 방법을 고민했다. 나의 어린 시절을 떠올리며 아이들과의 눈높이를 맞추려 했는데, 그 과정에서 수업에 대해서도 아이들에 대해서도 교사로서의 나에 대해서도 많은 것을 생각해볼 수 있었다. 내가 가지고 있는 교육에 대한 편견과 부족한 점도 알게 되었다. 나는 아이들에게 텍스트 위주의 너무 많은 정보를 가르치려 했고, 아이들은 받아들이기 힘들어했다. 아이들 입장에서 보면 아무리 좋은 내용이라도 1시간을 꼬박 앉아서 듣기만 하는 것은 괴로울 수밖에 없다는 결론이 나왔다.

세상에서 가장 재미있는 일은 자기가 직접 하는 것이다. 그래서 아이들에게 주도권을 주기로 했다. 수업 내용에 따라 달라지는데 1시간 내내 아이들이 활동할 수 있도록 짜기도 했고, 교사가 들려줘야 할 내용이 많은 경우라도 최소한 40분 중 수업의 반인 20분 정도는 주도권이 아이들에게 갈 수 있도록 수업을 구성했다.

차츰 아이들은 자기만의 스토리를 만들어냈고, 의도 이상으로 내가 예상하지 못한 아이디어를 새롭게 보여주었다. 감탄이 나올 뿐이었다. 수업을 마친 후 마무리 시간에 스케치북에 그 시간에 배운 내용에 대한 자신의 생각을 글이나 만화, 그리기 등 어떠한 형태로라도 표현해보라고 했더니 아이들은 자기만의 스케치북에 자기만의 글씨체와 붓을 활용하여 다양한 작품을 내놓았다. 순정만화가 되기도 하고, 졸라맨이 주인공이 되기도 하는 등 수업이 전부 끝나자 자신만의 스토리로 한 권의 책이 되었다. 어른들이 근접할 수 없을 정도로 놀라운 생각들을 해낸다. 아이들의 생각을 받아들이고 존중할 때 표현이 시작된다는 걸 경험하는 순간이었다.

아이들의 활동은 결과보다는 그 과정을 더 소중하게 생각해야 한다. 아이의 의도를 존중하는 게 중요하다. 어려운 내용을 쉽게 잘 가르치는 수업에서 한 단계 더 도약할 수 있는 방법이다. 아이들에게 주도권을 주자 애써 재미있는 수업을 준비하지 않아도 학습 내용에 흥미를 갖고 다가왔다. 물론 교사가 아이들이 학습할 수 있도록 미리 설계하고 기획하는 수고는 필요하다. 아이들 스스로 알고 싶어 하는 내용을 찾아보고 흥미를 느낄 수 있도록 이끌기 위한 기획 작업이 아이들에게 생기를 불어넣는다는 것을 잊지 말자.

③

일상에서 수업재료를 발견하다

아이들이 재미없어 하는 수업은 가르치는 나도 수업 전부터 스트레스가 되었다. 다른 수업에서도 마찬가지인지 주변 교사들에게 물어보니 교사들도 담임했을 때와 교과 담임을 할 때가 많이 다르다고 한다. 담임교사가 아닌 영어, 음악, 미술, 실과 등은 아이들이 담임 눈치를 봐야 할 필요가 없기에 흥미가 없으면 바로 집중력이 떨어진다. 그만큼 보다 철저한 준비가 필요하고 효율적으로 접근할 수 있는 교육방법이 필요했다. 좀 더 효과적인 수업을 위해 수업 목적 및 내용, 아이들과 나 자신의 특성과 수업 환경을 분석한 후 수업 전략에 맞게 통합하여 사용하고자 했다. 아이들이 교육목표에 도달할 수 있도록 다양한 접근 방법과 정확하고 제대로 된 교육 콘텐츠가 필요하다.

보건교육은 단순한 암기가 아니라 실생활과 밀접하다. 의학적, 과학적 지식을 바탕으로 일상의 현상을 들여다보고 생활습관을 형성해야 한다. 그래서 지식을 바탕으로 실천할 수 있는 교육 콘텐츠 개발이 중요하다. 예를 들어 감염병 교육이라면 바이러스를 의학적으로 알고, 이로 인한 증상을 알고, 감염 확산이 세상을 어떻게 바꾸는지를 알아본다. 직접 손씻기를 실습하며 손세정기를 이용해 자신의 손씻기 습관이 제대로 되었는지를 파악하고 그 결과를 눈으로 볼 수 있도록 실천하는 것이다. 단순히 '손을 씻어라'라고 말하면 잔소리가 될 뿐이지만 객관적이고 과학적인 증거를 바탕으로 하는 실습은 지식을 실천과 습관으로 이끈다. 성교육도 인체에 대한 이해, 호르몬에 대한 이해 등 과학적 지식을 바탕으로 남자, 여자의 차이점과 공통점을 찾아 서로를 이해하고, 그 차이가 성차별로 가지 않도록 인문학적으로 접근하여 아이들에게 올바른 성 가치관을 가질 수 있도록 해야 한다. 보건은 단순한 지식을 넘어 가치관과 습관으로 이어지는 살아있는 교육이다.

보건은 비교과라 교과서도 없고 교육자료도 없기 때문에 성교육이나 흡연교육 등을 위해 더 효과적으로 수업할 수 있는 지도안을 구성하여 교육자료를 만들기 시작했다. 아이들이 직접 해볼 수 있도록 학습지를 만들고 보다 효과적으로 전달할 수 있는 시청각 자료도 만들었다. 아이들뿐만 아니라 수업에 스트레스를 받는 나를 위해서도 쉽고 재미있는 전달 방법을 개발해야 했다. 특히 초등학생은 발달단계상 '구체적 조작기 및 형식적 조작기'에 해당하는 시기이므로 그저 듣고 보며 배우기보다는 직접 만지고 만들어야 더 효과적으로 내용을 받아들인다. 따라서 교육에 대한 과학적 지식과 그것을 실천할 수 있는 아이들 중심의 활동 위주 수업으로 구성하고자 했다.

직접 체험하고 학습할 수 있는 자료를 구상하려다 보니 일상에 관심을 기울기에 되었다. 보건교육은 건강에 대한 교육이므로 아침에 일어나 눈을 뜨고 아침을 먹고 점심을 먹고 양치를 하고 잘 때까지의 일상생활 속의 건강습관으로 주위의 모든 것들이 교육자료 대상이다. 건강에 대한 관심과 감수성을 키울 수 있는 교육자료가 될 만한 것들을 그냥 지나치지 않았다. 주변에 보이는 모든 것들이 수업자료가 되었다. 동기유발이 목적이라면 아이들 수준에 맞는 수업자료가 되어야 한다. 그러기 위해서 아이들이 좋아하는 가요나 개콘 등 TV 프로그램을 눈여겨보고 그것에 대해 이야기도 하고 교육자료로도 사용한다. 아이들은 재미있어 하며 수업에 집중했다. 매년 아이들에게 대세가 되는 아이돌의 노래를 바꾸어 사용하는데, 요즘에는 핫한 방탄소년단의 노래를 개사하여 부른다. 아이들도 즐거워하고 몰입도도 높다.

이렇다 보니 다른 나라를 여행하는 기회가 생기면 내가 가르치는 보건교육 분야에 관심을 기울이게 되었다. 캐나다 공항 면세점에서 담배를 팔았는데 흡연질병 사진이 케이스에 있었다. 지금은 당연하게 보이지만 그 당시만 해도 우리나라의 담배 케이스는 아름답고 세련된 그림 위주였다. 그래서 다양한 질병이 담긴 담배 사진을 찍어 금연교육에 사용했다. 북유럽 등에서는 성교육이 어떻게 진행되는지 어떤 내용으로 교육하는지 무심코 지나가지 못했다. 동남아를 갈 때면 개인의 위생교육에 대해 가는 곳마다 보건교육과 관련된 자료를 모았다. 이러한 교육 콘텐츠는 당연한 것을 다르게 볼 수 있는 새로운 시각을 만들었고, 선진국의 이론과 기술뿐만 아니라 상상력과 감성까지 키울 수 있었다.

평소에는 틈나는 대로 관련된 정보를 얻기 위해 서점에 간다. 컴퓨터가 비약적으로 발달하면서 새로운 IT 교육자료에 관심을 갖게 되었는데, 그때마다 책을 구입하여 교육자료를 만들었다. 컴퓨터 프로그램인 파워포인트, 포토샵, 플래시 등을 이용한 자료를 만들기도 했다. 만화, 영상매체, 멀티미디어 등 스마트폰 어플을 이용하여 성폭력, 흡연 예방 교육자료를 UCC로 만들었다. 또한 사춘기 수업에서는 뮤비메이커를 이용해 '자신의 성장 앨범 만들기' 등의 교육자료로 활용했다. 학습한 후에는 홈페이지를 만들어 다른 교사들과 공유했다. 아이들은 자신이 만든 성폭력 유튜브 영상의 조회 숫자가 올라가자 마냥 신기해했다. 또한 직접 체험해볼 수 있도록 다양한 역할극을 할 수 있는 탈이나 손 막대기 인형, 양말, 장갑인형 등을 만들기도 했다. 크게는 아이가 태어나는 과정을 보여줄 수 있는 사람 크기의 인형모형을 만들어 직접 아이가 어떻게 태어나는지 실감나게 보여주기도 했다. 아이들이 직접 체험할 수 있도록 모둠별로 활동할 수 있는 보드게임 도구를 개발하고, 감정카드, 재활용품 놀이, 레크레이션, 마술아트, 모래, 밴드, 연극 수업, 개사, 유튜브 영상 만들기 등 일상생활 속에서 보건과 관련된 것이 보이면 항상 메모해두었다. 일상 속에서의 이런 관심은 그대로 수업자료가 되었다.

교육방법은 다양하다. 자신이 잘할 수 있는 교육방법으로 아이들에게 다가가는 것이 좋다. 남들이 좋다고 나에게도 내가 맡은 아이들에게도 좋은 것은 아니기 때문이다. 수업자료는 교재와 학습도구, 시청각 기재뿐만 아니라 교사 개인의 자원, 지도 내용, 학습 환경, 시설 등을 모두 포함한다. 어떤 교사는 재미난 화법으로 교사 스스로가 좋은 수업자료가 되기도 하고, 동화구연에 자신이 있다면 교사의 목소리가 수업자료가 되기도 한다. 어떤 교사는 레크레이션 수업을 적용하기도 하는 등 교사마다 자기에게 맞는 방법이 있다. 각자에게 맞는 다양한 방법과 창의적인 학습도구, 창의적인 체험활동 개발이 중요하다. 교사로서 내 안에 무엇이 있고, 무엇을 줄 수 있는지를 찾고, 일상이 수업이 될 수 있다는 감수성을 가져야 한다.

④

20년 차 보건교사가 알려주는 보건수업의 기술

글쓰기에 관심이 있어 강좌를 받았다. 기자 출신의 강사로 책도 여러 권 쓰고 글의 내용이나 구성이 좋아서 잔뜩 기대하고 들뜬 마음으로 2주 간의 교육과정 비용을 선뜻 한꺼번에 지불했다. 결과는 참담했다. 첫 수업을 겨우 받고는 바로 데스크에 가서 미리 지불된 돈을 환불받을 수 있냐고 물었다. 글과 다르게 강의는 한없이 지루했고 중간에 나가고 싶을 정도였는데 아는 것을 글로 쓰는 것과 아는 것을 말로 전달해주는 것은 다르다는 것을 실감했다. 그 강사도 이런 나의 마음을 아는지 주변에서 글과 달리 강의는 못 한다는 이야기를 많이 들었다고 했다. 많이 안다고 잘 가르치는 것은 아님을 다시 느낄 수 있던 경험이었다.

주변에서 교사는 전문지식과 함께 소명과 철학을 가져야 한다고들 한다. 누구나 열심히 가르치고 싶어 한다. 잘 가르치기 위해 아이들의 지식 수준을 파악하거나 집중도, 흥미, 라포 형성 등 많은 요소들을 개발하려고 노력한다. 그러나 다양한 무기를 가지고 있는데도 사용방법을 모른다면 효과적으로 배움을 전달할 수 없다. 아무리 쉽고 재미있는 내용이어도 교사가 주는 느낌이 좋지 않거나 수업 진행에 미숙하면 금방 혼란스러워진다. 내가 가르치고자 한 수업을 잘 전달하기 위해서는 교육내용을 더욱 맛있게 요리할 수 있는 기술이 필요했다. 하나의 재료라도 요리법은 다양하듯이 아이들의 수준이나 발달단계에 맞춰서 튀길 것인지 삶을 것인지를 알아야 한다. 아이들이 수업에 빠져들 수 있도록, 자신의 생각을 꺼낼 수 있도록, 토론할 수 있도록, 어떻게 질문해야 모든 아이들이 다 참여할 수 있을 것인지 등 다양한 수업 기술이 필요하다.

수업 기술 중 맨 처음에 할 일은 교육하고자 하는 내용에 대해 내가 얼마나 알고 있는지에 대한 자기 확인이다. 교사로서 맡은 분야에 대한 실력이 부족하다고 느낀다면 수업에 필요한 전문지식을 쌓아 자신감을 갖추는 것이 우선이다. 기본적인 원리와 개념을 정확히 알고 수업을 설계해야 한다. 보건교사인 내 경우 건강과 관련한 보건교육을 위해 간호학, 의학, 교육학, 여성학, 심리학 등의 각 영역에 대한 전문지식이 필요하다. 동시에 다양한 학습방법으로 내용과 어울리는 수업을 하도록 준비했다. 교사가 중심이 되어야 할 수업과 아이들이 중심이 되어야 할 내용을 확인하고, 그에 맞는 학습방법을 찾았다.

그다음으로 필요한 것이 수업 기술이었다. 수업을 이끌어가는 기술과 매니저의 기술이 필요하다. 전문지식을 알아도 같은 말을 반복하거나 두루뭉술하게 수업하거나, 어려운 내용이나 언어를 쉽게 풀지 않고 사례도 없이 이론만 줄줄 이야기한다면 아무리 집중력이 좋아도 무엇을 배웠는지 모르게 된다. 교사가 아무리 많이 알고, 정확하게 이해하고 있더라도 효과적으로 가르치려는 노력 없이 단순히 지식을 나열하는 건 흥미를 잃어버리게 만들 뿐이다. 단순하고 명료하게 전달하는 기술이 효과적이다. 이탈리아 교황이 미켈란젤로에게 어떻게 다비드상 같은 훌륭한 작품을 만들 수 있었는지 비결을 묻자 그는 "간단합니다. 다비드와 관련 없는 것은 다 버렸습니다"라고 대답했다고 한다. 내가 얼마나 많이 알고 있는지를 보여주기 위해 말을 더하지 말고 아이들이 이해하기 쉬운 단어나 말을 통해 배움으로 연결될 수 있도록 고민해야 한다. 내가 수업시간에 무엇을 가르치느냐보다 중요한 것은 '아이들이 내가 가르치려 했던 것을 배웠는가?'라는 걸 잊지 말자.

교사의 영향력을 줄이고 아이들이 토론할 수 있도록 다양한 방법을 제시해야 한다. 빙고게임이나 포스트잇 활용하기, 마인드맵, 인터뷰 질문, 기자 되기, 퍼즐을 이용한 수업, 친구 가르치기, 이야기 돌려 쓰기, 수업교구 직접 사용하기, 골든벨 등 수업내용에 접근할 수 있는 다양한 요리법이 필요하다. 성교육은 과학적 지식을 바탕으로 가치관을 심어주는 교육이, 심폐소생술은 체험교육이 중요하니 각 수업에 맞게 적절하게 분배하여 토론이나 역할극, 전지를 활용한 신문 만들기 등 판을 깔아야 한다.

그중에서 가장 중요한 것은 아이를 바라보는 교사의 관점이라고 생각한다. 보건실에 아파서 오는 아이들처럼 수업시간에 떠드는 아이들을 볼 때마다 '어쩌면 사랑이 부족해 관심을 끌고 싶은 게 아닐까'라는 생각이 들었다. 이런 관점은 골칫덩이 아이들을 사랑스러운 눈으로 보게 만들었다. '이 녀석, 이뻐해달라구?' 하는. 그래서 수업시간에 다른 사람을 방해하면 사랑 규칙을 정해 실행했다. 처음에는 사랑의 손 하트 보내기, 또 걸리면 안아주기, 세 번째는 볼에 쪽 해주기였는데 마지막까지 간 적은 거의 없었지만 아이들은 자신들을 따뜻한 시선으로 바라봐준다는 것을 느끼자 집중하기 시작했다. 위축되거나 소외된 아이들이 보일 때면 더 관심을 갖고, 학습지를 풀 때 돌아다니는 아이에게는 더 신경 써서 칭찬해주었다. 점점 아이들의 눈빛이 내 말투, 손짓 하나에까지 따라다니기 시작하더니 언제부턴가 수업 1시간을 전부 즐겁게 만들 수 있었다.

가르침은 있지만 배움은 없는 그런 수업이 되지 않도록 매 순간 문제의식을 갖고 자신의 수업을 관찰하고 변화를 시도해야 한다. 아이들의 마음이 움직일 수 있도록 안내해주는 것이 수업이라고들 하니 교사는 아이들이 호기심을 갖고 어떤 것이 어떤 맛인지 물어보고 흥미를 가질 수 있도록 자기만의 수업 기술을 갖고 있어야 할 일이다. 수업의 주인은 아이다. 교사가 수업을 전문가답게 하기 위해서는 교사 스스로 수업내용의 전문성을 갖추고 수업 기술을 연마하는 수고가 필요하다. 그러나 가장 중요한 기술은 교사가 아이 스스로 주인이 될 수 있도록 따뜻한 마음으로 안내자의 역할을 하는 것이라 믿는다.

5

성교육, 흡연 예방교육도 바라보는 관점이 중요하다

건강검진 관련 협의를 위해 학교 앞에 있는 병원 건물에 들어섰다. 약속 시간이 조금 남아서 창밖을 무심히 내려다보고 있었다. 번화가인 앞쪽과 달리 나무가 우거져 있었고, 공원이랑 연결된 조금 외진 곳이었다. 인근 중학교 교복을 입은 아이가 담배를 피고 있는 모습이 보였다. 설마 내가 가르쳤던 아이는 아닐 거라고 생각하면서도 혹시나 싶어 아이 얼굴을 보기 위해 몸을 이리저리 돌리던 참이었다. 담배를 끄면서 아이가 얼굴을 돌리는 순간 익숙한 얼굴이 드러났다. 작년에 6학년이었는데 이곳저곳 아프다면서 능청거리며 보건실에 자주 왔었다.

5~6학년 때는 창체시간을 보건수업시간으로 이용해 구체적으로 흡연 예방교육을 받는다. 또 정규 수업이 아니어도 초등학교 때부터 수시로 흡연 예방에 대한 동영상을 보게 한다. 흡연 예방 수업을 했고, 분명히 담배가 건강에 얼마나 나쁘고, 한번 시작하면 중독성으로 끊기가 매

우 어렵다는 것까지 배웠는데 왜 아이가 담배를 피우는 걸까? 아이들이 건강을 위해 좋은 방향으로 성장했으면 하는 생각으로 교육하는데 뭐가 문제일까를 생각해보았다. 흡연뿐만이 아니다. 학교에서 아이들에게 올바른 생각과 행동을 할 수 있도록 도덕성이나 배려 등을 가르치는데도 물건 훔치기, 흡연, 비만, 폭력 등의 문제행동을 하는 이유는 무엇일까? 고민은 깊어만 갔다.

아이들은 실천교육보다 지식교육에 익숙하다. 지식주입에만 익숙한 교육은 머리에만 머물고 가슴으로까지 전달되지 않는다. 지식은 키웠지만 정서는 키우지 못했던 탓이다. 초등학교에서 고등학교까지 교육의 목표는 오로지 좋은 대학을 가는 것이라 책상 앞에서 수많은 시간을 지식을 넣는 공부를 한다. 생각을 키우는 공부마저도 생각이 아니라 정답만을 외우게 강요했다. 복잡한 사회에서 지식교육은 반드시 필요한 것이 사실이다.

'아는 것이 힘'이라는 말이 나올 만큼 정보가 부족했던 시대에는 많이 아는 것 자체가 커다란 경쟁력이었다. 하지만 지금은 손안에 세상의 모든 정보가 들어 있어 원하면 바로 꺼내볼 수 있지 않은가? 정보 자체의 중요성이 전과 달라질 수밖에 없다. 지식이 아무리 많다 한들 써먹지 않는다면 썩은 것이다. 무엇이 힘이 될까? 실행에 옮기는 것이 중요하다. 교육은 단순히 지식을 넣어주는 것이 아니라 그 지식을 통해서 생각하고 자신의 것으로 내면화하여 생각이 말로, 말이 행동으로 습관으로 바뀌도록 노력해야 한다.

"우리는 많은 것을 가르치기 위해서 바쁘지만 아이들이 진정으로 알아야 할 기쁘게 사는 법, 그리고 자신의 가치와 존귀함을 깨닫는 법을 가르치지 못한다면 읽고 쓰고 계산하는 그런 것들이 도대체 무슨 소용이란 말인가?"

– 잭 캔필드, 『교사들의 영혼을 위한 닭고기 수프』

흡연의 해로움을 교육하기 위해 강하고 센 사례와 경험이 아이들의 마음을 움직이는 데 더 효과적이라고 생각하는 이들이 있다. 그러나 그 센 경험만으로 교육이 실행되기란 쉽지 않다. 이러한 경험으로 얻어지는 성찰이 중요하다. 흡연의 해로움에 대해 끔찍한 질병 사진을 보여주면서 협박하면 겁먹고 하지 않을 것이라는 생각은 틀렸다. 나는 열심히 가르쳤지만 아이들은 배움을 얻지 못했다. 진정한 배움은 아이들의 마음을 흔들어 실천까지 가게 하는 것이다. 좋은 수업이란 지식이 아이들의 마음을 움직이고, 지식이 내면화되어 실천하게 하는 것이다. 지식만을 얻으면 단순한 데이터일 뿐이다. 정보가 삶으로 옮겨지는 과정이 허약하면 삶의 변화를 가져다주지 않고 금방 없어져버린다. 수동적인 교육이 아니라 '왜?'에 대해 질문하면서 능동적으로 배워야 깨닫게 된다. 보건수업의 특성상 아이들에게 "안돼, 하지 마, 보지 마, 이제 그만!" 같은 부정적인 표현으로 수업하는 것은 무리였고, 아이들이 생각하는 수업이 필요했다. 아이들이 스스로 그 문제에 대한 이해와 비판적인 능력을 통해서 자기를 표현하고 제대로 알고 내면화하는 그런 방식이 필요했다. 그래서 방법을 찾기 시작했다.

흡연으로 인한 인후암으로 목에 구멍이 뚫리고, 목소리가 안 나오고, 구멍을 통해서만 밥을 먹어야 하는 동영상을 보여주었다. 동영상 한 편으로도 마음을 움직이는 수업은 마음이 움직이고 행동이 바뀐다. 이렇게 다른 사람의 이야기를 보는 간접경험이 아이들의 생각을 바꾸기도 한다. 무엇이 문제인지를 바라볼 수 있는 성찰의 힘이 필요하다. 존 듀이는 "우리는 경험에서 배우지 않는다. 우리는 경험에 대한 성찰로부터 배운다"고 했다. 성찰하지 않는 삶은 성장의 길로 갈 수 없다. 아이들에게 성찰의 힘과 생각하기의 힘을 알려주어야 한다.

'지식을 자기의 것으로 내면화하는 능력'을 키우기 위해 생각하는 훈련이 필요한 시점이다. 내가 이것을 왜 배우는지, 이것을 배워서 어떻게 사용하고 싶은지를 알고 배우는 것이다. 보건교육은 이론만으로 만들어지는 지식이 아니다. 건강교육은 인간이 살아가는 데 필요한 교육이다. 따라서 이론이 아니라 실천 중심으로 이루어져야 한다. 그 바탕에는 과학적이고 이론적인 지식이 있어야 한다. 우리가 알아야 이해가 되고 이해가 되면 실천할 수 있듯이 지식과 실천은 분리될 수 없다. 그 사이를 연결해주는 지식의 내면화가 절실하다.

⑥

교사, 마음을 흔드는 교육의 중요성을 깨닫다

한 아주머니가 간디를 찾아왔다. 아들이 설탕을 너무 많이 먹어서 건강이 염려되니 설탕을 먹지 못하도록 권해달라고 부탁했다. 간디는 잠시 생각에 잠기더니 보름 뒤에 다시 오라고 했다. 다시 가자 간디는 아이에게 설탕 먹기를 그만두라고 말했고, 아이는 말씀에 따라 그렇게 하기로 했다. 아주머니는 그때 말했으면 될 것을 왜 다시 보름 뒤에 오라고 했는지 물었다. 이에 간디는 "저도 설탕을 좋아하는데 저부터 설탕을 끊어야 소년에게 말할 수 있을 것 같아 보름 뒤에 다시 보기를 청했습니다"라고 했다. 학생들에게 배움의 즐거움을 전달하고 싶다면 입으로만 하는 구호가 아니라 교사가 직접 배움이 얼마나 재미있고 즐거운 일인지를 느끼고 보여주는 것이 중요하다는 뜻일 게다.

교사의 모범이 없는 교육은 그저 메아리에 머문다. 자신은 욕이나 불평불만을 입에 달고 살면서 아이들에게 고운 말을 써야 한다거나 긍정적인 사람이 되어야 한다고 가르치고, 빨간 신호등에 건널목을 건너면서 아이에게는 신호등을 꼭 지키라고 한다면 말의 힘을 잃는다. 좀 더 진행되면 신뢰를 잃는다. 말과 행동이 일치할 때 우리는 상대를 신뢰할 수 있기 때문이다. 위대한 자연도 현명한 부모도 말보다 행동으로 보여주듯이 가르침도 보여주어야 한다. 좋은 교사는 따뜻한 인간애, 무한한 긍정, 교사로서의 높은 자존감으로 끝없이 배우며 꾸준히 열정이 꺼지지 않도록 관리해야 한다. 교사가 무기력해지면 아이들을 쉽게 품안으로 받아들이기가 쉽지 않다.

"가르침은 교사가 학생에게 끼치는, 그리고 끼쳐야만 하는 영향력을 자각한 뒤에 이를 위해 자신을 바쳐야 하는 일이다. 이처럼 폭넓은 인격을 요구하는 소명은 다른 일에서는 좀처럼 찾기 힘들다. 배움에도 많은 노력이 필요하지만 막중한 도덕적, 인간적 책임이 뒤따르는 가르침에는 그보다 더 큰 노력이 필요하다."

– 교육학자 제임스 베너 주니어와 해럴드 캐넌,

『훌륭한 교사는 이렇게 가르친다』

보건교육은 사람들과 함께 현장 속에서 삶과 실천적으로 반드시 연결되어야 하는 분야다. 단순한 지식 습득이 아니라 가정과의 연계 속에, 어린이들의 일상생활을 통해 꾸준히 실천될 수 있도록 해야 하는 교육이다. 학습자에게 자신감을 주고 긍정적인 자아개념이 형성되도록 해야 하기에 교육자의 실천은 중요하다.

그러나 교사나 보건교사도 사람인지라 아프기도 하고 실수도 한다. 자연스러운 나 자신으로 살기보다는 '교사가?'라는 시선에 노출되고 항상 도덕적이고 모범적일 것을 은근히 요구받는다. 자유로운 성향의 나는 교사가 되면서 다른 사람들의 눈을 의식하기 시작했다. 아이들이, 교사들이, 학부모들이, 주변의 많은 사람들이 나 자체가 아니라 교사라는 직업인으로서의 나를 먼저 보기 때문이다. 담임이 아니어서 관심 없는 듯해도 수업하다 보면 아이들은 나의 옷차림이나 행동 등을 보고 있었다. 교사가 되면서 내 행동은 더욱 조심스러워질 수밖에 없었다.

교사는 이래야만 되고, 저래야만 된다는 관념에 무거운 갑옷을 입은 듯 나 아닌 다른 사람으로 살아가는 나 자신을 발견하곤 했다. 답답했다. '모범을 보여야 하고, 솔선수범해야 하고, 아이들을 사랑해야 하고, 늘 현명한 분별력으로 올바른 판단을 내려주어야 하고' 등의 기대 속에서 내 감정을 드러내기보다 차곡차곡 쌓는 일이 많아지자 감정이 소진되는 것을 느꼈다. 신적인 존재인 교사로서의 삶은 불편하다. 학교는 항상 답답했고 어디론가 탈출하고 싶었다. 방학 때만 되면 모르는 곳으로 가 교사로의 내가 아닌 나 자체로 돌아왔다. 호기심 많고 탐험을 좋아하는 내 본래의 모습으로 돌아간다. 갑옷을 벗은 듯이 자유로웠다. 우리 사회의 직업 중에 교사만큼 전인적인 능력을 요구받는 직업도 별로 없을 것이다. 사람들은 교사에게 전문적인 지식은 기본이고 권위와 도덕, 질서, 상상, 연민, 인내, 인격, 즐거움 등 많은 것을 기대한다. 그러나 현실 속 교사로서의 나는 주변 사람들의 기대에 못 미쳤고 그에 대한 죄책감을 느꼈으며 그런 것들이 나를 조여 스트레스가 되었다. 지치고 때론 힘이 들었다. 그러던 어느 날 나 자신에 대해 조금 관대해지자는 생각이 들었다.

'나'라는 범위 내에서 할 수 있는 것을 먼저 실천하자고 생각하니 조금씩 자유로워졌다. 처음에는 '실천'에 거대한 뭔가를 해야 한다고 생각했기에 부담스러웠다. 예전에 의료 봉사를 갔다가 한 50대 아주머니가 하녀 부리듯 내 집에서조차 해보지 않은 일을 마구 시키는 것을 보고 다시는 봉사활동을 하지 않았다. 신혼 초 집안일조차 제대로 하지 못했던 내가 봉사라는 거창한 타이틀에 억지로 끼워맞추다 보니 거북했던 것일 게다. 어디선가 '내 범위 안에서 실천할 수 있는 것을 실천하라'는 말을 들었다. 내가 현재 있는 곳에서 소소한 것을 실천할 수 있는 삶을 살면 된다고. '그래도 되는 거구나' 싶자 편안해졌다. 처음부터 교사의 자질을 완벽히 갖추고 시작하는 사람은 없을 것이다. 교사는 하루 아침에 만들어지는 것이 아니라 아이들과 함께 경험하면서 그 관계를 통해 교사로서의 자신을 인식하고 반성하면서 성장하고 깊어진다. 점점 숙달되면서 숙성된다.

기꺼이 내가 할 수 있는 일을 하기로 다짐했다. 지나가다가 휴지가 있으면 주워서 쓰레기통에 버리고, 길을 몰라 두리번거리는 아주머니에게 길을 안내했고, 말하지 않아도 도와주기로 했다. 그러다 보니 주변 사람들이 눈에 들어오기 시작하더라. 내 자리에서 지금 내가 할 수 있는 일을 하는 것은 다른 사람에 대한 관심이 되었고, 무엇을 도와주어야 할까 생각하게 만들었다. 거창하게 봉사나 솔선수범하는 것은 부담스럽다. 그저 내가 할 수 있는 범위 안에서 건강을 가르치는 교사로서 건강한 신체와 건강한 정신, 건강한 사회를 위한 습관을 만들어주기 위해 노력하려고 한다. 잘 자고, 잘 먹고, 잘 싸고, 잘 웃고, 잘 놀고 등 건강할 수 있는 습관을 들이고 아이들에게도 솔선수범을 보인다. 내가 할 수 있는 것을 하면 된다고 생각하자 마음의 여유가 생기고, 아이들과 함께하는 시간이 쌓여가면서 교사에 대한 강박관념에서 좀 더 자유로워졌다.

SCHOOL BUS

3부

보건실에서 일어나는 좌충우돌 성장 스토리

①
학교 보건실이 동네 보건소?

아이들이 소란스럽게 한 아이를 감싸고 우르르 들어왔다. 큰일이라도 난 것처럼 격앙된 목소리로 "새가 아파요. 치료해주세요" 하며 다친 새를 내밀었다. 아프면 무조건 보건실로 온다. 새뿐만 아니라 햄스터, 토끼 등 졸지에 동물병원이 된다. 그나마 살아있는 새라면 다행이지만 죽은 새까지도 가져온다. 생명 있는 것뿐만 아니라 손톱이 아파도, 안경이 아파도, 옷이 아파도 오고, 심지어 미술 준비물들을 깜박했을 때도 면봉이나 솜 등을 가지러 온다. 초등학교 보건실의 이런 모습에 대해 이야기하니 한 중학교 보건교사가 "초등학교 때 샘이 그렇게 다 치료해줘서 중학교에서도 애들이 보건실로 오는구나"라고 하면서, 중학교에서는 각 분야의 전문가에게 보낸다고 해서 한바탕 웃었다. 아세톤은 과학선생님에게, 안경은 기술선생님에게, 옷은 가사선생님에게 보낸단다. 나 어릴 적에는 어쩌다가 보건실에 가면 보건선생님이 그림처럼 앉아서 책을 보거나 음악을 듣고 있었다. 그러나 현실의 보건실은 한쪽에서는 키나 몸무게를 재겠다고 하고, 한쪽에서는 아픈 아이들이 줄을 서고, 학부모 문의 전화가 계속 울리고, 여기저기서 불쑥불쑥 업무 관련 문의가 들어오는 왁자지껄한 작은 병원을 연상시킨다.

아이들은 몸이 아파도 보건실을 찾고, 마음이 아파도 보건실을 찾는다. 지역마다 다소 차이는 있지만 보건실을 찾는 이유를 보면 대체적으로 가장 많은 것이 외상으로 25% 정도이며, 근골격계는 15%, 두통 9%, 소화기 17% 정도다. 대부분은 질환이나 외상에 의한 것이다. 구체적으로는 찰과상, 열상, 자상 등 다쳐서 오는 상처이거나 계절이 변하면서 급격하게 늘어나는 감기, 결막염 등을 포함하는 감염성 질환, 그리고 골절, 염좌, 타박상 등의 삐거나 멍드는 근육계통의 사고다. 예전에는 찔

리거나 조금 베어도 그냥 놔두거나 물에 씻는 것으로 그만이었지만, 요즘 아이들은 손에 아주 작은 상처가 나도 보건실로 달려온다. 다친 곳에는 약을 바르고 밴드를 붙여야 상처가 낫는다고 생각해 보건실은 항상 아이들로 만원이다. 교사들도 아이들이 아프다는데 보건실에 보내지 않으면 학부모들의 민원을 받다 보니 때론 수업하기 싫어서 핑계를 대는 것을 뻔히 알면서도 아이들을 보낸다.

보건교사가 제일 싫어하는 요일은 월요일이다. 물론 모든 직장인들이 월요일을 싫어하지만 보건교사에게는 특별한 이유가 있다. 다른 요일과 달리 월요일에는 아이들이 출근하자마자 아침부터 줄을 서서 기다리기 때문이다. 주말에 아픈 것을 월요일에 다 갖고 온다. 어디가 어떻게 아픈지를 이야기하다 보면 아이들이 주말에 무슨 일이 있었는지, 뭘 하고 놀았는지, 무엇을 먹었는지를 알 수 있다. 매운 떡볶이를 먹어서, 일요일에 놀다가 넘어져서 발목이 아픈데 주말에 너무 심하게 더 놀아서, 힘들어서 아프고, 놀러갔다가 배탈 나서 아프고, 태권도 학원에서 다치는 등 병원 갈 정도는 아니지만 비상 상비약도 없고 어떻게 해야 할지 몰라 놔뒀다가 월요일에 보건실로 보내기도 한다. 1~2일이 지나 딱지가 이미 생긴 상처들도 있다.

보건일지를 적을 때면 재밌는 일들이 많다. 질병란에 '외상'이라고 적으면 아이들은 외상이 뭐냐고 묻는다. "급식비처럼 나중에 부모님에게 돈을 받으려고 그러지." 내 농담에 정색을 하더니 보건실에 다시는 안 오겠단다. 귀엽게도 1, 2학년 아이들은 "아빠가 외상하면 안 된다고 했는데" 하면서 금방이라도 울 것 같은 표정을 짓기도 한다. 보건실은 공짜라는 인식이 있어서인지 무료 병원처럼들 이용한다.

과학 실험시간이나 조각도를 사용하는 공예시간, 체육시간이 있는 날에는 특히 외상과 화상으로 많이 찾아온다. 축구부 아이들은 잦은 부상으로 파스를 향수처럼 뿌리기도 하고, 맨소래담은 로션처럼 애용했다. 10대가 아니라 50대 아저씨를 보는 듯했다. 보건교사의 처치가 더 전문적이라고 생각하고 일부러 보건실에서 다시 치료받는 아이도 있다. 4학년 학생이 엄마가 처치를 해줘도 꼭 보건실에 와서 자기 엄마가 처치한 것이 맞느냐며 다시 처치해달라고 하는 경우도 있었다. 어떤 아이는 "요즘 보건실 약이 좋다고 엄마가 참았다가 보건실에서 치료하래요" 한다.

하이라이트는 점심시간으로 보건실은 전쟁터가 된다. 아이들이 어려서 점심시간은 가장 힘든 시간이다. 파스로 글씨 쓰는 연습을 하고, 침대에 허락 없이 눕고, 나오라 해도 안 나오고, 소파에 드러누워 안 아픈데 아프다고 고집을 부리고, 밴드는 꼭 껍질 벗기고 까서 붙여줘야 되고, 약도 가루로 만들어줘야 되고, 아이들이 밀려 줄을 서다가 다시 교실로 가기도 한다. 병원처럼 '점심시간입니다' 팻말을 붙이고 그 시간을 쉬었으면 좋겠다. 상황이 이렇다 보니 점심도 편안하게 먹을 수 있는 게 아니다. 점심시간이 따로 있지 않기 때문에 밥 먹다가도 아이가 다치거나 하면 보건실로 달려갔다가 나중에 식은밥을 먹기 일쑤다.

신체적인 아픔으로 많이 오지만 점차 스트레스성이 늘어나고 있는 것이 사실이다. 특별히 아픈 데도 없는데 수시로 오는 아이들을 들여다보면 가슴 아픈 경우가 많다. 부모와 싸워서 마음 둘 곳 없는 아이들이 온다. 공부하기 싫어서 수업시간엔 다 죽겠다고 엄살을 부리다가 쉬는 시간 종이 울리면 날아가는 꾀병환자도 있다. 예전에는 눈에 보이는 상처였다면 요즘은 두통 환자가 많이 늘었다. 아이들이 뭔가 벗어나고 싶다고 생각할 때 편하게 오는 곳이 보건실이다 보니 꾀병 부리는 아이를 내칠 수도 없다. 상담이 필요한 아이들인데 간호처치와 수업만으로도 시간이 부족하다. 쉬는시간이면 복도까지 줄을 서서 기다릴 정도로 많다. 때론 아이들에게 급한 거 아니면 다음 시간에 오자고 사정하며 애써 물리치고 허겁지겁 수업에 들어갔다.

항상 행선지가 노출되어야 하기 때문에 화장실에 갈 때도 말하고 가야 하고, 학년에 전달사항이 있어 모임에 갈 때도 행선지를 알려야 학교 방송에서 보건교사를 찾는 일이 없다. 보건실은 언제든지 이용할 수 있는 학교와 동네의 병원인 셈이다.

②

아이들, 보건실에 대한 의존도가 높아지다

학교는 예전과 많이 달라졌다. 예전에는 교사들도 수업 이외에는 업무가 별로 없었고, 보건교사도 아이들 처치와 교육 이외의 업무가 별로 없었다. 그러나 사회가 다양화되면서 학부모는 학교에 많은 것을 요구하기 시작했다. 맞벌이 가정이 많다 보니 학무모도 학생도 보건실에 대한 의존도가 높다. 부모의 이혼이나 별거, 맞벌이 부부의 증가 등으로 부모와 아이의 접촉 시간이 줄다 보니 부모가 아이를 챙기기가 어렵다. 방과후활동으로 학교에 있는 시간이 많은 아이들은 퇴근시간까지도 보건실에 온다.

학교가 끝난 후부터 부모가 퇴근할 때까지의 시간 동안 자기 일을 스스로 해결해야만 하는 아이들에게 부모가 올바른 식사습관을 들이거나 아플 때 건강을 챙기기란 쉽지 않을 것이다. 상황이 이렇다 보니 학교는 가정이 해야 할 돌봄의 역할까지 맡게 되었다. 고학년이나 중학생이 되면 학원 때문에 아이들이 병원에 갈 시간이 없다. 꽉찬 일정 때문에 아파도 병원에 가지 못한 채 보건실에서 약을 먹고 침대에서 자다가 학원에 간다. 병원에 바로 가야 할 상황인데도 학교에 보내고, 때론 학교에서 재우고 약 먹이고 학원에 갈 수 있도록 해달라고 요구한다. 어떤 학부모는 학교에 무슨 약이 구비되어 있냐고 묻고 집에 있는 아이를 다시 학교에 보내서 먹여달라고 하기도 한다.

병원과 보건실이 꿰맨 상처를 소독하는 방법이 똑같다며 아이가 다 나아서 실밥을 풀 때까지 소독해달라고 한다. 습윤 드레싱도 약국에서 구입해 교체하라고 전해도 다 나을 때까지 모두 보건실에서 해주기를 바란다. 또한 만성질환이 증가하면서 만성질환을 가진 아이의 건강관리에 대한 요구가 증가했다. 어떤 보건교사는 1학년 아이가 1형 당뇨여서 인슐린 주사를 정기적으로 맞아야 하는데, 운동이나 음식에 따라 달라지는 인슐린 주사를 위해 매 시간마다 측정하기도 했다고 하였다. 나 또한 당뇨환아를 점심시간 전에 당뇨를 측정하기도 하였다. 그 교사는 "작은 학급이어서 아이들을 집중적으로 돌볼 수 있었지만 큰 학급이었다면 자신도 못 했을 것이라고 말했다. 그전에는 의료인이지만 의사 처방 없이 주사제를 투여하는 것이 불법이었지만, 학부모 단체의 요구로 법이 개정되었고 아이들을 보살피기 할 수 있는 의료인으로 당뇨병, 천식 등이 응급상황에서 주사제를 사용할 수 있도록 법이 바뀌었다. 학생이 당뇨나 중증도 질환 등 질병이 늘어남에 따라 학교에 건강관리로 요구하는 것은 더욱 많아진다. 학교 보건실을 지역 보건소나 병원으로 착각하는 것이다.

보건교사의 일에는 응급처치나 수업 말고도 다른 업무들이 있다. 하루에 2시간씩 꼬박 수업하고, 아이들 하교 이후부터는 예방 중심 사업을 한다. 보건수업, 흡연 예방, 성폭력 예방, 정서행동특성검사, 건강검진, 구강검진, 신체검사, 심폐소생술, 교직원 교육, 안전공제회 등 학교 자체 내에서의 교육뿐만 아니라 보건소 등 지역사회 단체와 연계하여 예방접종이나 감염병 예방 등 건강예방사업을 한다. 특히 성폭력이나 전염병 등의 문제가 생길 때면 모든 업무가 멈출 정도로 가정과 학교, 지역사회와 함께 연계해서 문제를 최소화하려고 뛰어다닌다. 보건교사가 할 수 있는 일은 아이 스스로 건강한 삶을 관리하고 유지할 수 있도록 바른 생활습관이 생활화될 수 있게 보건교육을 하는 것이다. 유해환경이나 나쁜 환경을 개선하는 것도 포함된다.

학부모의 요구에 따라 달라지는 처치 범위의 한계가 없다 보니 늘어만 가는 아이들에 대해 치료나 교육, 상담에 질적으로 접근할 수 있는 시간이 부족하다. 건강에 대한 요구가 늘어났음에도 여전히 관행처럼 그전에도 그랬으니까 하면서 학교의 규모에 상관없이 보건교사 1명이 수많은 일을 하며 탈진하고 있다. 사회가 변하고 요구가 변함에 따라 일할 수 있는 환경의 변화 역시 필요하다. 지치지 않고 따뜻한 마음으로 아이들을 돌볼 수 있도록 환경을 마련해주어야 한다.

3

영웅이 되고 싶은 아이들, 보건실을 습격하다

아이들은 호기심 대장들이다. 한 번을 그냥 지나치지 않고, 한시도 몸을 가만히 두질 않는다. 길을 지나가도 모든 물건들을 다 만져봐야 하고, 스쳐 지나가는 바람도 느껴야 하는 등 끊임없이 움직이며 온몸으로 체험한다. 아이들은 아프면 조용하다. 아이들이 한두 명이라도 모여 '쿵짝'이 되는 날이면 장난이 사고가 되기 일쑤다. 아이들이 모일 수록 어른들의 상상을 뛰어넘는 장난으로 우리를 놀래킨다. 구슬을 먹기도 하고, 지우개를 귀에 꽂아 넣거나 콧구멍에 샤프꼭지를 넣기도 하고, 손으로 선인장을 만져서 손바닥에 온통 가시가 박히기도 하는 등 어른들의 상상을 초월한다. 그중 초킹 게임 기절 놀이라는 것이 있는데, 숨이 넘어가기 직전에야 목을 조인 것을 풀어주는 게임으로 목숨까지 앗아갈 정도로 위험하다. 집에서 조용하던 아이도 학교라는 곳에서 또래 아이들과 뭉치면 충동적이고 돌발적인 행동이 많아져 사고 발생률이 높다. 반면 자신을 보호할 수 있는 운동능력이나 상황판단에 대한 능력이 부족하여 사고위험에 쉽게 노출된다. 학년이 올라가면 사춘기의 영웅심리로 자신의 성공은 크게 생각하고 실패는 작게 축소하는 경향이 있기 때문에 무모한 도전을 한다. 중고등학교 보건교사들의 말을 들어보면 사고로 매일 119를 부르다시피 한다고 한다.

학교 사고의 원인은 다양하지만 쉬는시간이나 점심시간이 32%, 체육시간이 31%으로 나타나 아이들의 활동이 많은 시간에 사고가 많이 발생하는 것을 알 수 있다. 운동장 44.7%, 교실 18.4% 순서로 학생들이 활동적으로 움직이거나 자주 이용하는 장소에서 사고가 많이 발생한다. 가장 많이 발생하는 골절, 관절염좌와 치아 손상, 찢어지는 사고, 뇌진탕 등 목숨까지 왔다 갔다 하는 사건까지다. 고대로부터 철학자들은 '외적으로는 우연이나 내적으로는 필연인 것'으로 우연으로 보이는 사건들도 그렇게 될 수밖에 없었던 원인이 숨어 있다고 했다.

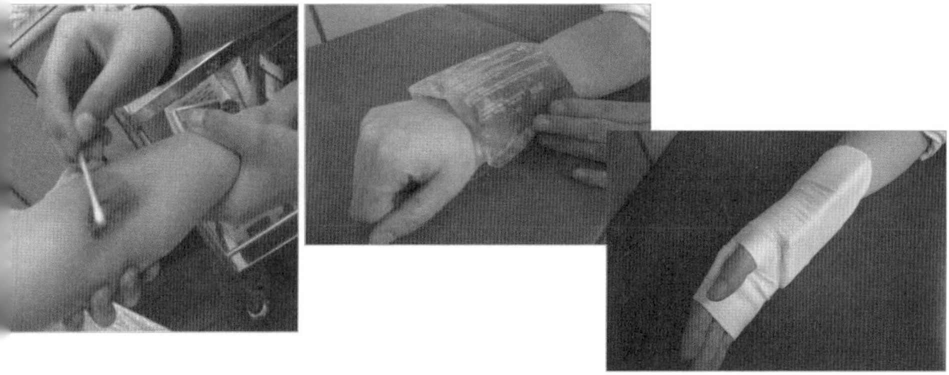

안전에 대한 부모나 교사의 지시사항을 무시하거나, 장난치느라 불안전한 동작과 자세를 취하거나, 미숙한 방법으로 가위질을 하는 등 안전수칙 등을 소홀히 여긴다. 또 과학실이나 실과시간에 알코올이나 전기 등을 소홀히 다룬 결과다.

발령 당시에는 일주일에 한 번 아침조회를 했다. 아침마다 아이들이 우르르 몰려가기 때문에 항상 계단 내려갈 때 조심하라고 이야기하지만 아이들은 유유히 계단 난간을 타고 내려왔고, 그 와중에 미끄러지면서 비명소리와 함께 딱딱한 바닥으로 떨어진 아이가 있었다. 팔이 아프다고 해서 살펴보니 염좌처럼 부러진 것이 아니라 손목부터 팔꿈치 사이의 곧은 뼈가 쇠처럼 휘어져 있었다. 뼈가 여러 조각으로 부서졌겠구나 싶어서 바로 담임 교사에게 알리고 아이를 병원으로 옮겼다. 수술은 잘 끝났지만 여러 조각으로 부서져서 2차 수술이 진행된다는 이야기를 들었다. 그러나 한 달 후 2차 수술 도중 아이가 사망했다. 동네 정형외과에서 한 수술로 수면마취에서 깨어나지 못했던 것이다. 이런 사건을 겪고부터는 뼈가 부서져 마취가 필요한 경우라고 판단되면 큰 병원으로 안내한다. 교실에서 장난으로 친구의 의자를 뺐는데 아이가 그대로 넘어져 뇌진탕으로 식물인간이나 죽음까지 가게 되기도 한다.

한 아이는 방학날 책상에 올라가 물구나무를 섰다가 발 끝이 선풍기 날개에 스쳐 피가 났고, 그 사건으로 교실이 한바탕 소란스러워졌다. 다행이 쏟아진 피에 비해 상처가 크지 않아 한숨을 내쉬며 치료하고 붕대로 감아주었다. 학교의 대표 장난꾸러기를 보니 한 대 쥐어박고 싶은 마음이 굴뚝 같았지만 처치 후 웃으며 방학 잘 보내라고 인사하자 해맑은 미소가 돌아온다. 그 순수함이 어이없어 웃음이 나왔다. 아이들은 위험에 대한 불안감이 낮고, 대처 능력이 떨어지기 때문에 일상생활에서 발생할 수 있는 여러 가지 위험을 미리 깨닫고, 사고 발생 시 정확한 판단과 적절한 행동을 하지 못한다. 또 다친 아이들 대부분이 남자아이들이다. 본능적으로 위험을 즐기고, 위험하다고 입에 달고 살아도 그때뿐이다. 위험하다는 건 알지만 덤벼들어 성공했을 때 성취감과 우월감을 느끼기 때문인데, 사실 이것은 아이들의 성장에 필수요소이기도 하다. 많이 다치기라도 할까봐 애타는 것은 어른들 몫이다.

호기심 다음으로 많이 사건이 일어나는 원인은 아이들 간의 다툼이나 실수다. 어른들은 비교적 자신의 감정을 잘 다스리지만 아이들은 잘 지내다가도 자신의 감정을 조절하지 못하고 싸울 수 있다. 정리되지 못한 감정을 때리고, 물고, 할퀴는 등 주변 친구들을 공격하는 행동으로 표현한다. 4학년 남자애들이 싸워서 2명의 아이가 찾아왔다. 한 아이는 걱정스러운 얼굴로 왔고, 다른 아이는 상처를 살펴보니 볼 두 군데와 이마 한 군데에 깊게 피부가 파여 있었다. 손톱과 주먹을 이용해 투닥거린 모양이다. 얼굴 외상을 입은 아이는 소독 후 메디폼으로 처치했다. 나중에 얼굴 외상을 입은 아이의 부모는 흉터가 생길까봐 우려를 표했고, 결국 다른 한 아이의 부모가 흉터가 생길 경우 치료해주겠다는 약속을 하고 나서야 사건이 마무리되었다.

학교 내 실습 등으로 사고가 발생하기도 한다. 가장 많이 사고가 일어나는 시간은 체육과 과학 실습시간이다. 철봉대나 평행대에서 떨어져 골절이 되거나 농구하다가 치아가 골절되기도 한다. 과학시간에는 화학약품이 눈에 들어가거나 피부에 묻거나 화상을 입는 등 화학약품이나 기구를 사용하다가 사고가 발생한다. 실과시간도 있다. 요리하다가 익숙하지 않은 칼질로 손을 베이거나 한다. 실습이 많은 공업고등학교에서는 손가락이 잘리는 사건까지 일어나는 등 크고 작은 사고들이 많다.

아이들의 부주의, 친구들의 장난, 부적절한 시설이 아이들을 위험에 빠트린다. 과격한 호기심으로 아이들이 다치기도 한다. 자신의 상상이나 호기심, 실험정신은 작게는 무용담이 되어 가벼운 해프닝으로 끝나기도 하지만 심할 때는 생명까지 앗아가는 큰 사건이 된다. 영웅이 되고 싶은 아이들은 사고와 함께 보건실을 습격한다.

④

학교 건물도 아이들을 다치게 한다

교내의 시설도 아이들을 위험하게 만든다. 환경부가 매년 하는 '어린이 활동공간 환경안전진단' 결과에 따르면 어린이 놀이터에서 기생충란이 검출되는 등 약 44% 정도로 어린이 활동공간이 각종 위험에 노출된 것으로 나타났다. 각종 이물질과 동물 배설물, 기생충란 등 아이들이 안전하게 놀아야 할 놀이터의 모래 등이 오염되면 건강에 해롭다. 학교 내의 위험 환경으로는 학습장과 학교 복도, 통로의 협소, 놀이시설의 고장 등을 들 수 있다.

점심시간에 한 아이가 친구가 다쳤다며 다급하게 부르러 왔다. 응급처치 가방을 챙겨 달려갔더니 우르르 몰려 있는 아이들 사이로 한 아이가 얼굴이 하얗게 질려 있었다. 무릎뼈가 다 보일 정도로 움푹 파인 채 피가 철철 흘렀다. 주위를 살펴보니 맨홀 뚜껑이 있었고 넘어지면서 뾰족한 맨홀의 모서리에 찍혔던 모양이다. 우선 다른 친구들을 보내고 아이가 상처부위를 보지 못하도록 깨끗한 거즈로 덮은 후 지혈하면서 종합병원 응급실을 찾았다. 다행히 성형외과 의사가 꿰매주어서 흉터가 그리 크게 남지는 않았다.

그전에도 이곳에서 다친 아이가 있었는데 직접 눈으로 보지 않았기에 얼마나 위험한지 몰랐었다. 요즘은 그네가 없어졌지만 예전에는 학교 운동장마다 그네가 있었다. 한번은 운동장에서 놀다가 턱 부위가 찢어진 아이가 왔다. 응급조치 후 병원으로 보내고 운동장으로 뛰어나가 확인해보니 쇠로 만들어진 그넷줄의 연결고리가 부서져 있었다. 다칠 위험이 있기에 바로 교장선생님께 알려 낡고 위험한 그네를 철거했다. 이렇듯 아이들이 매일 놀이를 하는 놀이터에서 기구에 오르다가 다치거나 추락할 수 있으며, 움직이는 기구에 부딪히기도 한다. 놀이기구 설계나 관리가 잘못되어 날카로운 부분에 다칠 수도 있다. 'ㄷ' 자 구조인 학교에서는 아이들끼리 자주 부딪히곤 했다.

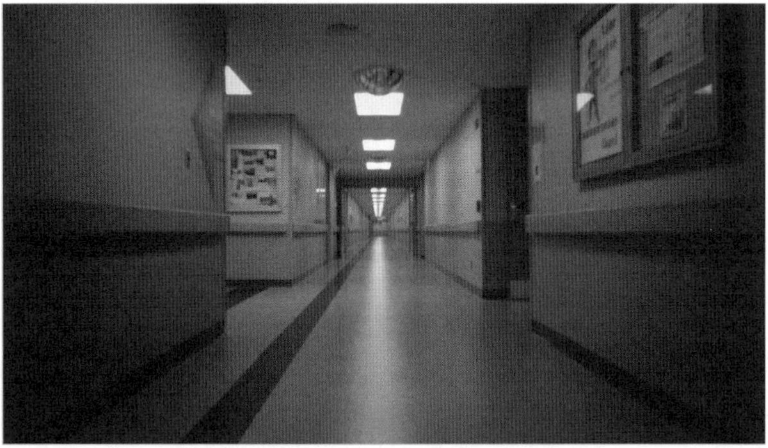

생활 속에서의 안전사고도 많다. 위험장소로 지정된 건축물에 들어갔다가 건축물이 붕괴되면서 다친다. 아이가 담장을 넘다가 담장이 무너지면서 머리를 다친 사건도 있었다. 담장이 오래되어 벽돌이 빠지면서 무너진 것이다. 학교 시설로 인해서도 많은 사고가 발생한다. 파손된 맨홀의 방치나 이동식 체육시설인 농구대, 핸드볼, 골대 등의 고정 조치 소홀, 구름다리 등 놀이기구의 부식, 교실 창문이 떨어지거나 건물의 균열로 인한 외벽타일이 지상으로 떨어져 발생하는 사고, 실험, 실습 등 각종 부주의로 인한 안전사고가 발생한다.

1907년 세계 최초의 여성 의사이자 최초로 어린이집을 설립하고 바로 곁에서 아이들을 직접 관찰했던 교육학자 몬테소리는 "아이들은 환경만 준비되면 본능적으로 스스로 잠재 능력을 발달시키고 창조한다"고 했다. 또 그는 교사나 부모, 어른들은 아이를 가르치거나 지시하는 사람이 아니라 좋은 교육 환경을 제공해 아이가 자발적으로 움직이도록 돕는 보조자가 되어야 한다고 말하며, 아이들의 신체에 맞는 책상과 의자를 구비하고, 안전한 환경에 대한 논의를 시작할 수 있도록 만들었다. 맞는 말이다. 놀이기구도 안전한 플라스틱으로 만들고, 바닥도 아이가 넘어졌을 때 다치지 않도록 만들어 보기에 이쁜 것이 아니라 아이들에게 안전한 환경을 만드는 것이 목적이어야 한다. 우리나라 학교 시설은 아직은 어른의 눈높이에서 편의에 맞춰 정형화된 폐쇄적인 공간이 대부분이다.

북유럽 연수 중 학교 교실의 동글동글한 가구와 공간이 인상적이었다. 책상의 모서리를 없애고, 바닥을 푹신하게 설치하고, 복도의 모서리에 안전바를 대주었다. 아이들에게 안전하라고 가르침과 동시에 계단, 복도, 비상구, 비상통로 또는 비상용 기구에 '비상'이라는 뜻을 표시하고 쉽게 이용할 수 있도록 해주었다.

건물 뒤나 화장실 뒤 등 눈에 보이지 않는 사각지대에서 아이들의 폭력이 일어난다. CCTV가 설치되면서 많이 줄었지만 학교건물의 사각지대는 사고를 일으킨다. 스웨덴의 고등학교는 학교폭력을 예방하기 위해서 교실이나 복도가 다 보일 수 있도록 강화유리로 건물을 만들었다. 그 결과 다른 학교와 달리 학교폭력이 월등하게 낮아졌다고 한다. 학교폭력을 개선하기 위해 학습 커리큘럼에만 집중하는 것이 아니라 공간의 중요성에 대해 인식하고 실천한 결과라고 생각한다. 학교폭력에 대해 일찍이 연구를 시작한 유럽에서는 학교폭력 예방조치에 공간을 함께 다루고 있었다. 사람 중심적인 사고는 교육 공간에도 고스란히

녹아 있어 사람과 건물이 상호작용을 할 수 있도록 설계되었다. 특히 유럽은 환경범죄 예방설계를 처음으로 실시했다.

너무 위험하다고 생각되는 행동을 할 경우라면 관심을 다른 곳으로 돌리면서 안정에 대한 중요성을 수시로 이야기해주어야 한다. 아무리 관심을 가지고 조심하더라도 눈 깜짝할 사이에 벌어지는 게 사고다. 학교에서는 많은 학생들이 함께하면서 환경으로부터 직간접적인 영향을 받게 되므로 이로 인한 안전에 유의해야 한다. 특히 체육수업, 미술수업, 교실 내, 복도 및 계단에서, 화장실에서, 운동장에서 안전을 해치는 요인이 없는지 파악하고 안전수칙을 지키는 것은 매우 중요하다. 놀이기구 점검으로 철봉대, 평행봉 등의 적정 크기, 규격 등을 구분하여 설치하고, 용접 부위 결함 유무를 확인한다. 운동장 주변의 파손된 하수구, 맨홀, 웅덩이 등을 신속하게 개보수하고 위험표지판 설치 등으로 사

고를 방지한다. 울타리, 벽 등에는 안전난간, 안전축대를 설치한다. 나뭇가지가 놀이시설 주변에 나와 있으면 가지치기를 하여 신체 특히 눈이 다치지 않도록 주의해야 한다.

다친 것을 치료해주는 것은 물론이고 어떻게 왜 다쳤는지 원인을 정확히 찾아내 해결해야 한다고 생각한다. 학교에서 발생하는 구체적인 장소와 시간대를 파악하여 휴식, 체육, 과외활동, 교과 시간, 청소 시간, 실험실습 시간, 등하교 시간 등을 살피는 어른들의 노력이 필요하다. 최근에는 보건이나 안전에 대한 중요성이 커지면서 안전대책과 사고의 원인을 알고 응급처치 방법을 교육하고 있다. 선진국들은 안전교육의 중요성을 인식하고 어려서부터 안전교육을 필수적으로 가르치는 반면, 우리나라의 안전교육은 형식적으로 일회성에 그치는 경우가 많아 사고 시 대처능력이 부족한 것이 현실이다. 마음껏 뛰어놀 수 있도록 아이들의 생활 속에서 안전한 환경을 제공해주고, 안전교육을 실시해야 한다.

⑤

나에게도 엑스레이 투시 능력이 있었으면 좋겠다

보건교사는, 누구나 알다시피 아이가 다치거나 아플 때 치료하며 아이들이 학교 생활을 하는 동안 건강문제를 발견하고 행복한 생활을 할 수 있도록 관찰과 상담, 교육하는 역할을 한다. 아이들은 같은 학년이라도 각 개인만의 독특한 성향이 있다. 그러기에 아이들이 아이의 연령에 맞게 성장단계에 맞춰 잘 커가고 있는지, 신체적으로 사회심리적으로 건강한지를 살펴야 하며, 의심되는 아픔이나 질병이 있으면 전문가와 연계해야 한다.

학기 초에 아이들의 건강상태를 확인하기 위해 건강조사서를 받아 요양호자 명단을 살펴보면 아토피, 비염은 거의 30~40% 정도, 천식도 보이고, 사시 등 눈의 건강상태나 소아당뇨, 뇌전증, 약물 알레르기, ADHD 등 아이들의 우울 증상도 많다. 아이들이 적어낸 대로만 하면 전체 학생 중에 요양호 대상이 1/3 정도가 될 정도로 질병에 대한 예민도가 늘었다. 사회환경이 변하면서 아이들의 건강 형태도 변화해 위험도가 증가했다.

이렇게 드러난 것 이외에도 아무런 증상이 없다가 갑자기 질병이 생겨 응급실까지 가기도 한다. 원인도 모르게 목이 부어 119를 부르기도 하고, 너무 멀쩡하고 아무런 증상이 없어 보이는데 자꾸 아프다고 해서 병원에 갔더니 뼈에 금이 가 있기도 하고, 머리를 부딪친 후 밖으로는 아무런 상처나 붓기가 없었는데 머리가 아프고 토할 것 같다고 해서 응급실에 가기도 한다. 어떤 학교에서는 6학년 남자아이가 축구를 하다가 눈에 공이 맞는 사고가 있었다. 고도근시인 학생이 축구공에 맞았는데 안경만 망가지고 눈에는 별 이상이 없어 그냥 집으로 돌아갔다. 3주 후 눈이 잘 보이지 않아 안과 검사를 한 결과 외상성 망막박리 진단을 받았다고 한다.

아주 사소한 것조차도 그렇기 때문에 항상 긴장하지 않을 수 없다. 아이 손에 연필심이 살짝 박히거나 가시가 들어가는 것 어느 하나도 그냥 지나칠 수 없다. 교실이나 복도가 마루로 되어 있는 학교에서는 아이들이 가시를 빼달라며 수시로 드나들었다. 넘어져서 커다란 가시가 다리에 들어가기도 하고, 공기를 하다가 잔가시가 손에 들어가기도 하는 등 가시 빼는 일이 별것 아닌 것 같아도 시간도 많이 걸리고 후유증도 남아 좋지 않다. 아는 게 병이라고 가시를 뺄 때마다 '1cm의 상처로 숨지다'라는 기사를 떠올리게 된다. 넘어져 손목이 찢어지는 상처로 병원에 갔는데, 병원에서는 무엇에 의해 찢어졌는지 확인하지 않은 채 상처를 꿰매었다가 1㎝ 상처 안에 5×0.6㎝ 나뭇조각이 발견되어 파상풍으로 죽었다는 내용이다. 얼음조각, 가시나 못, 칼, 바늘 등 날카로운 물체에 찔리면 외부 상처가 작더라도 상처를 입힌 물체가 심부 조직이나 장기를 심하게 손상시킬 수도 있으므로 외관상 보이는 상처만으로 그 정도를 판단할 수 없다. 상처가 좁고 깊게 나타나 출혈이 많지 않고, 혈액에 의해 세균이 밖으로 나오지 않아 염증이 생기기 쉽기 때문이다.

그러나 올바르게 의학적으로 판단하여 처치를 하고 안내를 해도 일반 교사나 학부모가 보는 처치의 관점은 다르다. 이런 일을 들은 적이 있다. 급식이 생선인 날이면 한두 명은 꼭 가시가 걸려서 오는데, 펜라이트와 설압자를 이용하여 입안을 살펴보았지만 보이는 게 없었다고 한다. 가시가 박혔다가 빠졌는데 상처 때문에 아프거나 안 보이는 깊은 곳에 가시가 박히는 경우도 있으므로 상황을 설명한 후 좀 기다려도 계속 아프면 병원에 가야 한다고 말해주고 돌려보냈다. 그 교사는 예전에 한 아이가 계속 아프다고 해서 이비인후과에 갔었는데 위치가 빼기에 너무 안 좋다며 일단 집에서 기다려보라는 의사의 말에 그렇게 했더니 저절로 내려간 경험이 있었다. 그런데 다음날 학부모에게 전화가 왔단다. 생선가시가 있었는데 즉시 병원에 보내지 않았다며 그 작은 애가 얼마나 아팠겠냐며 엄청나게 항의를 했다. 일단 판단을 잘못한 거 같다고 죄송하다 사과하고 끊었지만 그 선생님은 진이 빠졌을 것이다.

나 역시 제대로 된 처치를 하고도 수많은 학부모의 민원을 받는다. 한 아이가 놀이터 그네에서 떨어져 팔이 아프다고 찾아왔다. 아이 팔을 살펴보니 밖으로 드러나지 않게 휘어진 것이 복합골절인 것 같았다. 학부모에게 연락했더니 금방 온다기에 기다리는 동안 움직이지 않도록 처치한 후 학부모가 도착하자마자 아이가 수술해야 할지 모르니 바로 종합병원으로 함께 가자고 했다. 갑자기 아이의 아버지가 119를 부르지 않았다며 버럭 화를 냈다. 그후 학부모가 직접 119를 불렀고 응급차를 기다렸다가 병원에 갔다. 당장 위급한 상황이 아니니 학부모를 기다려 순서대로 처리하면 될 일이라는 판단이었지만, 학부모는 119도 부르지 않고 아무 조치도 하지 않았다며 교육청으로 민원을 넣었다.

보건교사는 전조증상만으로 예측하고 판단해야 한다. 정세랑의 소설 『보건교사 안은영』을 보면 보건교사가 퇴마사로 모든 것을 한번에 들여다볼 수 있는 능력이 있다. 나에게도 뼈가 부러졌는지 아닌지 아이들의 몸과 마음을 다 들여다볼 수 있는 능력이 있었으면 좋겠다.

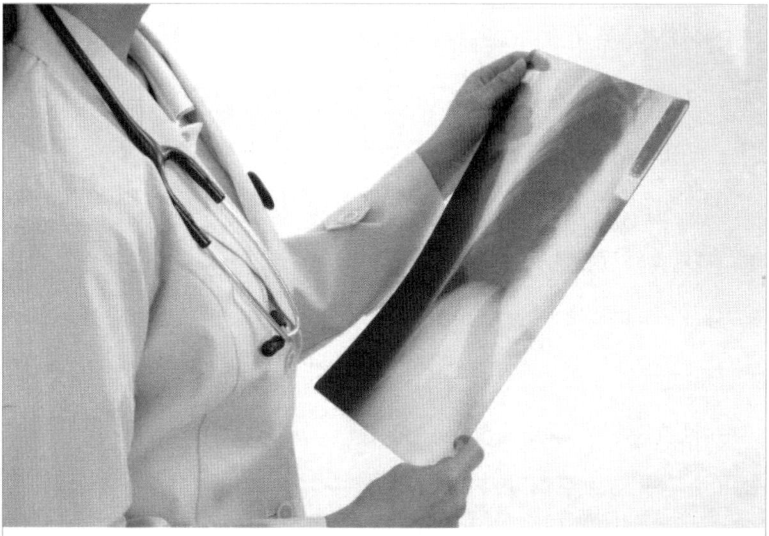

Produced by FreeQration

⑥

부모의 잘못된 신념에 대처하는 자세

부모의 잘못된 신념이 아이를 힘들게 할 수도 있다. 한참 유행했던 '약 안 쓰고 아이 키우기'는 의학적으로 근거 없는 방법을 자연주의 치유법으로 제시해 아동학대라는 비난을 받았다. 독감 백신에 부정적이고, 감기에 해열제 복용은 도움이 안 된다는 등 과학적이지 않은 맹목적인 믿음으로 아이에게 약을 먹이지 않는 부모가 있다. 실제로 약에 거부감이 있는 학부모가 아이에게 약을 먹이지 말라고 요구해 하루 종일 아이가 아파하는 것을 보기만 해야 할 때도 있었다.

한 아이가 식은땀을 흘리면서 보건실을 찾았다. 심한 생리통이라 약을 먹는 게 좋겠다고 했더니 아이는 엄마가 약을 먹으면 몸에 좋지 않다고 했다며 먹지 않겠다는 것이다. 찜질을 해주었지만 아이는 계속 통증을 호소했고 보다 못해 학부모에게 전화해 사정을 전했지만 약 먹이는 것을 거부했다. 아이의 통증은 점점 심해져서 병원을 갈 정도로 아파했고 기절 직전까지 갔다. 약에 대한 부모의 잘못된 고정관념이 진통제 하나로 줄일 수 있는 통증을 크게 키운 경우다. 자주 생리통으로 힘들어하는 아이들에게는 초기에 약을 복용하라고 한다. 통증을 일으키는 신경이 더 확산되지 않도록 하기 위해서다. 처음에 1개만 먹으면 막을 수 있는 통증이지만, 진행된 후에는 2개로도 듣지 않는다. 있을지 없을지 모를 약의 부작용보다 더한 고통을 치러야 한다.

1학년 아이의 유치가 달랑거렸다. 아이가 힘들어해서 손만 대어도 빠질 상태의 치아를 빼주었는데 나중에 부모에게 전화가 왔다. 혹시라도 문제가 생기면 책임지라는 반협박이었다. 이런 일도 있었다. 초등 2학년 아이에게 타이레놀 4알을 먹였는데, 기겁하며 왜 이렇게 약을 많이 먹이느냐는 전화가 오기도 하고, 소화가 안 되는 증상이 있어서 백초를 먹였는데 오후에 열이 났다며 무슨 자격으로 약을 먹였냐며 항의한다. 상태가 약이 필요한 정도가 아니라 주지 않을 때면 보건실에서 약을 주지 않았다는 민원이 들어온다. 어떤 학부모는 아이가 약을 먹을 때마다 전화해달라고 하는 경우도 있다.

한번은 아이가 뒤로 자를 넘겨주면서 뒤에 앉는 아이의 얼굴을 콕 찍었는데 소독 후 흉터가 남지 않도록 듀오덤을 붙여줬다. 작은 상처였다고 생각했는데 다음날 오후 엄마와 할머니가 함께 찾아와 나와 담임, 교장 선생님을 불러 한바탕 소란을 피웠다. 병원에 갔는데 큰일 났다며 흉터가 남으면 6개월 뒤에 흉터 제거 수술을 해야 한다는 말을 들었단다. 응급의학을 전공한 의사를 만나 상처소독을 어떻게 하는지 문의한 적이 있다. 식염수로 닦아주고, 상처 세균감염이 의심되면 소독 후 보호용 덮개를 붙여주면 된다는 답을 들었다. 그 아이에게도 같은 처치를 했었다. 3일 후 아이의 얼굴은 깨끗해졌다. 병원에서는 예후를 확단하기 어렵기 때문에 최악의 상황까지를 염두에 두고 답변한다는 점을 잊지 말아야 한다. 혹시나 악화될 수 있는 모든 요소까지를 포함한 답변일 뿐이다.

다리를 삐어서 병원에 갔더니 골절로 성장판 손상이 와서 영구적으로 다리 길이에 차이가 생길 수 있다는 이야기를 들었다고 한다. 그러나 아이는 1주일 후에 멀쩡히 수학여행에 참여했다. 아이가 조금이라도 이상한 경우 학부모에게 병원 검진을 요청하는데, 검진 결과 정상으로 나오면 보건교사가 알지도 못하면서 괜히 돈만 쓰게 했다는 불평을 듣기도 한다. 반대로 검진 결과가 나쁘면 왜 미리 처치하지 않았느냐는 불평을 듣는다.

목에 걸린 가시가 식도를 뚫고 나오는 등 매스컴을 통해 간혹 듣게 되는 큰 사고나 약에 대한 부작용, 건강과 약에 대한 단편적인 사실과 사례는 천에 하나 있을까 말까한 일이다. 그러나 이런 일이 방송에 나오면 사람들의 뇌리에 깊이 박혀 무조건 피하게 되는 경우가 많다. 응급처치에 대한 불안감은 의학적 판단에 대한 오해를 일으키기도 한다. 옛 어른들은 아이에 대한 사랑은 감추는 것이 미덕이라 여기고, 아이를 향한 사랑을 다 표현하지 못했다. 그러나 요즘 같은 한 가정, 한 자녀 시대에 자녀는 그야말로 '금쪽'이다. 아무리 싸우며 자라는 것이 아이들이라지만 막상 피딱지를 붙이고 훌쩍거리는 자식을 보고 있노라면 눈에 불이 나는 것이 당연하다. 처음에는 학부모의 이런 과민반응에 상처를 받았

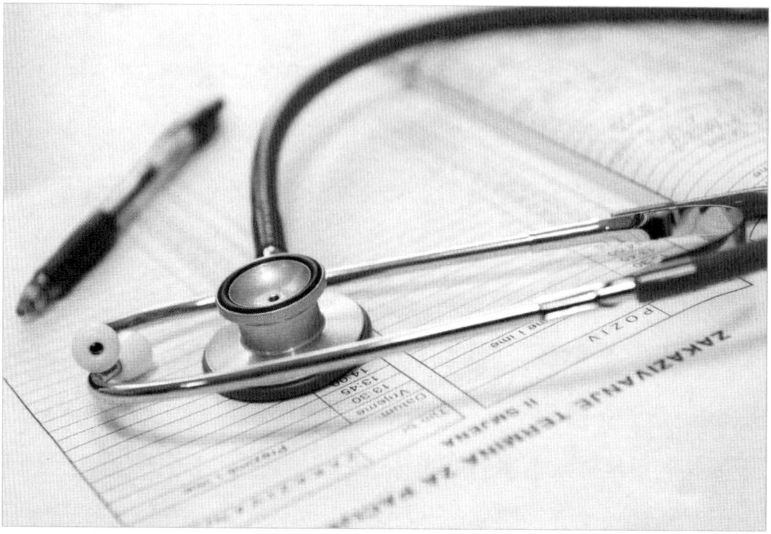

으나 지금은 아이가 크게 다치거나 상하지 않으면 다행이라고 생각하며 감사한다. 학부모의 불안을 이해하고자 노력한다.

일반 교사도 잘못된 의학 지식으로 다른 사람들을 위험에 빠뜨릴 수 있다. 성남의 한 학교에서 있었던 일이다. 5월 운동회 연습이 한창이었는데 퇴근시간 무렵 전화가 왔다. "주무관님이 구령대 위에서 떨어졌어요!" 지나가던 급식 아주머니가 사다리에서 떨어진 선생님을 발견하고 내게 먼저 연락을 했던 모양이다. 운동회 준비를 위해 높은 곳에 깃발을 달고 있었다고 한다. 다행히 의식이 있었고 호흡과 맥박은 빨랐지만 생명에는 지장이 없어 보였다. 119에 전화한 후 골절 의심 부위와 다른 부위를 관찰하면서 처치를 하고 있었다. 조금 후 몰려든 교직원들이 우왕좌왕하면서 빨리 자가용에 태워 병원으로 후송하자는 말이 나왔고 “내 차로 빨리 병원에 가요. 어서 업혀!” 하면서 환자의 몸을 들려고 했다. 급하게 저지하면서 높은 데서 떨어져 경추와 척추의 뼈가 부러진 상태고, 자가용으로 병원에 후송하면 그 과정에서 부러진 뼈가 신경을 건드려 2차 손상을 가져와 팔과 다리가 마비될 수 있다는 것을 설명했다. 대략 설명하면서 골절 의심 부위에 부목을 대고 의식 유무를 계속 확인했다. 약 15분 후에 응급차가 도착했고 종합병원으로 후송되었다. 다행히 2차 손상은 없었으나 팔과 다리의 뼈들이 완전히 조각이 나서 바로 수술실로 옮겨졌다. 떨어진 곳이 시멘트 바닥이었는데도 불구하고 머리와 척추에 이상이 없는 것은 천운이었다. 무조건 빨리만 외치는 것은 정말 위험하다.

이런 응급상황이 아니라도 매 순간 작은 증상이 최악까지 갈 수도 있다. 그래서 평범한 일상 중 느닷없이 찾아오는 통증을 절대 가볍게 여기지 말자고 매번 다짐한다. 무시하기에는 매우 위험한 병일 가능성이 있기 때문이다. 의료인으로서 긴장감을 갖고 아이들 한 명 한 명 작은 거 하나에도 세심한 관찰과 주의를 기울인다. 아이들의 증상을 보고 듣고 촉진한 후 판단하여 그에 맞는 약을 처방하는 것이기에 약리나 건강 사정 등 인체 전반에 대한 새로운 정보에 항상 귀를 열어두고 있다. 해마다 의학 연수나 간호사 보수교육을 통해 의학적인 전문지식을 쌓아가는 노력은 물론이다.

⑦

습관 속에서 발견하는 나비효과 법칙

아침에 출근해서 처음 맞이하는 아이들이 가장 많이 호소하는 증상은 이거다. "배 아파요." 아이들이 배가 아픈 이유는 다양하다. 과식하거나 밥을 안 먹어서, 설사를 하거나, 변비 등으로 힘들어한다. 대변을 시원하게 보지 못해 가스가 찼을 때, 우유를 마셨거나 전날 과식을 했을 때, 열이 있을 때, 상한 음식을 먹었을 때, 스트레스 등이 원인이다. 아침마다 자주 오는 아이들의 식습관을 체크해보면 아침을 먹지 않고, 먹어도 불규칙하거나 올바르지 않은 음식을 먹곤 한다. 아침에 무엇을 먹었는지 물어보면 우유에 시리얼을 먹거나 빵을 먹었다는 답이 돌아온다. 아직 장이 제대로 발달되지 않은 아이들에게 밀가루 음식을 먹이면 아이의 장을 힘들게 만든다. 엄마가 이른 아침에 출근하다 보니 아침을 매일 굶어서 3교시가 되면 항상 어지럽다고 하는 아이도 있었다.

이와 반대의 경우도 있다. 먹을 것이 너무 흔한 시대라 비만인 아이들이 늘어간다. 앉은자리에서 피자 한 판을 거뜬히 먹는다는 아이가 있을 정도다. 급식은 입에 맞지 않는다며 저렇게 먹고 힘이 나려나 싶은 걱정이 될 만큼 다 남긴다. 하교 후 배가 고픈 것은 당연해 햄버거나 떡볶이 등의 음식을 사 먹는다. 급식으로 나물 등 자연 음식이 나올 때면 수없이 버려지는 잔반을 본다. 전에는 골고루 먹이기 위해 남기지 말고 다 먹으라고 했지만 요즘은 안 먹겠다는 아이를 억지로 먹게 하는 건 좋지 않다는 민원이 있어 먹을 만큼만 먹게 한다. 아이들이 좋아하는 밀가루 음식이나 튀김 등의 음식이 나오는 날이면 서로 더 먹겠다고 난리다. 학교 급식은 전문가들이 정도를 조절하지만, 가정에서의 식단을 학교에서 조절할 수는 없기 때문에 아이들에게 올바른 식습관을 갖게 하는 것은 쉽지 않다. 성인병 예방을 위해 비만아동들과 함께 아침에 운동장 달리기를 함께 했다. 처음에는 의욕적으로 참가하더니 차츰 줄어들었다. 매일 체크하는 음식카드를 채우는 것들도 여전히 즉석식품들이다.

교육부의 '2016년도 학생 건강검사 표본조사' 결과를 보면 초등학생 64.6%가 주 1회 이상 패스트푸드를 섭취한다. 주 1회 이상의 라면 섭취율도 74.5%로 작년보다 높아졌는데, 고학년으로 올라갈수록 그 비율은 더욱 증가했다. 가장 나쁜 식습관으로 꼽히는 '아침 결식'의 경우 1학년은 1.73%에 불과했지만, 6학년은 7.54%에 이르는 등 학년이 오를수록 뚜렷한 증가세를 보였다. 신체발달 지표 중 하나인 몸무게도 최근 5년간 꾸준히 증가했고 비만율 역시 함께 상승했다. 잘못된 습관이 건강을 위협하고 있다. 고학년으로 올라갈수록 학원시간에 맞춰 쫓기다 보니 주머니 가벼운 아이들은 간단히 한 끼를 해결할 수 있는 인스턴트

간식을 즐겨 찾는다. 어른뿐만 아니라 아이들에게도 잘못된 생활습관으로 인한 비만, 당뇨, 고지혈증 등의 성인병이 늘어나고 있다. 윌리엄 제임스는 "되도록 어릴 때부터 할 수 있는 한 많은 유익한 습관을 길러야 한다. 힘을 들이지 않고도 할 수 있는 일상생활에서의 사소한 일들이 많아질수록 우리의 정신적 힘이 자유로워질 것이다"라고 했다. 생활습관의 중요성에 대한 말이다.

매일 반복적으로 자꾸 하다 보면 수많은 습관들이 탄생한다. 좋은 습관이 되기도 하고, 건강하지 못하게 만드는 나쁜 습관이 되기도 한다. 이러한 습관들은 무의식적으로 생활 속에서 반복되어 전체 일상의 40% 정도를 채운다. 한 남자가 뇌를 다쳐 기억상실이 되었지만 기존 습관대로 식사를 하고 잠을 자며 집을 찾아갔다. 놀라운 사실은 기억상실 상태인 그는 그 동네를 알지도 못했다는 점이다. 누구나 다 아는 것처럼 한

번 만들어진 습관은 변하기 어려우므로 어릴 때부터 건강한 습관을 만드는 것은 정말 중요하다.

규칙적인 수면, 좋은 음식, 운동 등 건강한 습관은 스스로를 사랑하는 행동이다. 자신을 사랑하는 사람들은 자신에게 해로운 것보다 좋은 것을 취하려고 한다. 그러나 나태해지면 운동하려고 하다가도 침대에서 뒹굴거리게 되고, 쉽고 편한 음식을 사먹게 된다. TV나 인터넷, 게임을 반복하다 보면 새벽 2~3시를 훌쩍 넘긴다. 이러한 방해 요소를 인식하는 것이 중요하다. 잘못된 행동으로 갔더라도 다시 원래대로 돌아와야 한다. 건강한 습관의 보상으로 집중력이 높아지고, 활력이 넘치고, 행복 호르몬인 도파민이 나와 뿌듯함과 성취감을 보다 많이 느낄 수 있다. 특히 운동은 스트레스를 해소시키고 뇌를 활발하게 만들어 집중력과 기억력이 좋아진다.

습관을 통해 한 번이라도 이런 좋은 기분을 경험하면 다시 순환되어서 고리로 연결되고, 몸은 자연스럽게 보상을 다시 맛보고 싶어 하기 때문에 꾸준히 반복하게 된다. 이러한 습관이 형성될 수 있도록 환경을 만드는 것은 우리 어른들의 몫이다. 작은 성공을 같이 기뻐하며 격려해준다. 아이에게는 자라고 하면서 부모가 TV를 보면 학교에서 올바른 생활 습관을 아무리 많이 배워 실천하려고 해도 의지가 실천으로 가지 않게 된다. 그리고 데드라인을 정하자. '언제까지 잠자리에 들겠다, 어떠한 음식을 먹겠다, 어떠한 운동을 하겠다'라는 작은 목표를 세운다. 방해 요소를 하나하나 줄여가는 게 좋다. 처음부터 과한 욕심을 부리면 욕심만큼 쉽게 무너진다. 습관이 변화할 수 있는 작은 성공을 맛보는 게 중요하다. 이러한 행동을 지속한다면 습관으로 키울 수 있다. 습관은 쉽게 바뀌지 않는다. 옛 어른들은 어릴 때 찐 살은 다 키로 간다며 아이들의 비만에 대해 걱정하지 않았지만 생활습관으로 생긴 병은 감기처럼 갑자기 걸리는 것이 아니라 몸에 오랫동안 굳어진 결과다.

매일 규칙적으로 뭔가를 한다는 것은 쉽지 않다. 어떤 행동을 반복해 90일 정도가 되어야 생각하지 않아도 몸이 자동적으로 움직이게 된다고 한다. 뇌과학자 이시형은 "어떤 일을 반복적으로 실천하면 뇌에 새로운 과정의 기억회로가 생긴다"고 말했다. 처음 3개월간 의식적으로 꾸준히 같은 행동을 하다 보면 신경과 신경 사이의 신호 전달속도가 빨라지면서 나중에는 그 반응 속도가 습관으로 나타난다. 이를 1년 정도 유지하면 신경 회로망이 반영구적으로 변해 평생을 지속할 수 있게 된다. 어릴 때 습득한 건강지식이나 생활습관 및 태도가 일생동안 지속된다는 점을 고려한다면 이 시기에 지속적으로 건강에 관심을 갖고 건강생활을 행동화하도록 돕는 것은 중요하다. 매일 반복되는 사소한 습관의 힘은 크다. 나비의 작은 날갯짓이 멀리 있는 지역의 날씨를 바꾸는 변화를 일으키듯 하나의 좋은 행동이 평생의 습관이 될 수 있다는 것을 기억해야 한다.

⑧

학교의 사계, 그리고 아이들의 사계

세부에서 1년 동안 살았었다. 질병으로 휴양이 필요했고 질병휴직계를 내고 때마침 이직 준비를 하고 있던 남편과 초등학교 2학년인 딸을 데리고 가족 전체가 1년을 살아보기로 결심하고 세부로 갔다. 그곳에서의 1년은 재미도 있었지만 매일 똑같이 변함없는 날씨만큼이나 지루하기도 했다. 사계절 변화가 있는 우리나라에서는 계절이 바뀔 때마다 옷부터 시작해서 이불 등 준비해야 할 것이 많다. 사계절 뜨거운 그곳에서는 매일이 같았기 때문에 한국에 돌아온 후 한동안 계절에 적응하느라 환경뿐만 아니라 몸도 힘들었다.

봄, 여름, 가을, 겨울이라는 계절의 변화에 몸이 적응하지 못하면 쉽게 병이 생긴다. 봄에는 황사와 꽃가루, 여름에는 강한 햇볕과 산성비, 겨울의 추위 등은 건강에 많은 영향을 준다. 신체뿐만 아니라 정서적으로도 그렇다. 특히 아이들은 어른에 비해 적응력이 떨어지는 편이라서

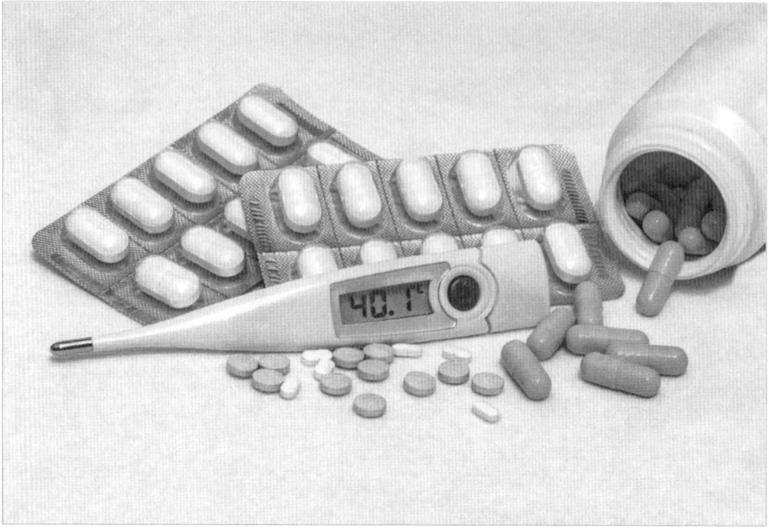

찬바람을 너무 많이 쐬었거나 찬 음료수를 너무 많이 마시거나, 계절이 바뀌면서 일교차가 10도 이상 되면 기온의 변화에 적응하지 못해 질병에 걸리기 쉽다.

계절의 변화에 따라 학교의 아이들은 다양한 증상과 질병들로 보건실을 찾았다. 1년 중 보건실에 오는 아이가 가장 적은 달이 3월이다. 3~4월에는 외상보다는 두통과 복통 등을 호소하는 아이들이 많다. 활동량이 늘어나는 5~6월에는 친해진 아이들과 함께 어울리며 야외활동이 많아지고 그 결과 외상이나 염좌 등의 안전사고가 많다. 7~8월에는 더위로 인한 모기나 벌레 물림, 땀띠, 알레르기. 피부질환, 눈병 등으로 온다. 9~10월에는 운동회 등 야외활동으로 다치는 아이들이 많다. 겨울인 11~12월에 들어서면 환절기로 날씨가 갑자기 추워지면서 주로 감기,

비염, 천식 등으로 열이 나고 콧물과 기침 등으로 몰린다.

3월 말에는 왜 갑자기 두통이나 복통을 호소하는 아이들이 많아질까? 새학기를 시작하면서 새로운 교사와 친구들 속에서 쌓인 긴장이 스트레스성 신체화 증상을 보인 결과다. 학교에서 정해진 규칙과 새로운 친구를 탐색하느라 과하게 긴장하는 것이다. 3월 말이 되면 차츰 긴장이 풀리는지 친해진 아이들과 함께 어울려 활동이 많아진다. 이때 아이들은 대부분 친구랑 같이 보건실에 오지만 적응하지 못하는 아이들은 혼자 온다. 열도 없고 체한 증상도 없고 객관적인 증상이 없는데 계속 아프다고 한다. 특히 저학년인 경우 반복되는 두통이 가장 흔한 신체적 불편이다. 이른바 '새학기 증후군'이다.

봄과 가을에는 몸이 약한 아이들은 쉽게 알레르기 질병이나 볼거리 등 바이러스 질환에 걸린다. 환경의 변화로 인해 알레르기가 많다. 코 가려움, 코 막힘, 맑은 콧물 등으로 훌쩍거리거나 눈이 빨개져서 찾는다. 요즘 미세먼지 등 나쁜 공기 때문에 밖에 나갈 수 없을 정도인 날이 많은데, 이런 날이 잦은 봄철이면 연약한 아이들이 알레르기성 비염, 천식, 아토피 피부 등으로 고생한다. 지속적으로 기온이 상승하고 야외활동이 늘어나면 입안, 손, 발 등에 물집이 생기고 감염되는 수족구병이 발생할 위험이 있다.

여름이 되어 날씨가 본격적으로 더워지기 시작하면 야외활동이 많은 아이들이 다치거나 삐는 사고가 많다. 옷도 얇아져서 다쳐도 상처가 크다. 자전거를 타거나 운동장에서의 공놀이, 체육시간 등 많은 활동으로 인한 크고 작은 사고들이다. 뜨거운 햇빛에서 정신없이 놀다가 높은 온도에 노출되어 어지러움, 탈수, 두통, 구토 증상으로 실려 오기도 한다. 고온에 오래 노출되면 땀을 많이 흘려 수분과 염분이 부족해지고 경련이나 실신을 하기도 한다. 또 수영장 등에서 물놀이를 하다가 귀에 물이 들어가면 염증이 생긴다. 아이가 귀를 자꾸 만지거나 귀 주변을 눌렀을 때 아파하면 의심해봐야 한다. 이와 함께 유행성 결막염으로 물놀이를 다녀온 후 눈이 충혈되거나 가려움을 느끼고, 눈곱이 끼면 전염성을 의심한다. 여름은 습도와 기온이 높아 세균 번식이 활발해지기 때문에 식중독을 비롯해 이질, 장티푸스, 콜레라, 비브리오 패혈증, 배탈, 설사 등 수인성 전염병에 특히 조심해야 하는 계절이다.

겨울은 겨울대로 문제다. 활동량이 줄어 자칫 우울해질 수 있다. 겨울로 들어서는 11월 환절기가 되면 보건실에 오는 아이들의 줄은 더 길어진다. 주 증상은 감기다. 겨울은 대기가 건조하고 기온이 낮아 병에 걸리기 쉽다. 아침 저녁의 기온차가 커지는 환절기에 특히 극성을 부리는 감기는 대부분 바이러스에 의해 발병한다. 감기 바이러스는 그 종류만 해도 200여 종에 이른다. 그래서 감기 바이러스에 저항력이 약한 어린이들은 감기에 걸렸다가 회복되더라도 다시 다른 면역성을 가진 바이러스에 걸려 1년에도 10번 이상 감기에 걸릴 수 있다. 발열, 오한과 함께 여러 증상이 복합적으로 나타나는데, 드물게는 결막염이나 설사가 같이 오기도 한다. 빨리 치료하지 않으면 기관지염, 만성비염, 중이염, 폐렴 등 더욱 치유가 힘든 합병증으로 가기 때문에 만병의 근원이다. 독감 예방접종은 어린이들은 1년에 2번, 성인들은 1년에 1번만 받으면 된다. 독감으로 전체 인원 중 3분의 1이 결석했던 학교의 보건교사가 있었다. 다음해에는 가정에 통신문을 보내 독감 예방접종 후 확인서를 받아 오도록 했더니 그해에는 독감 걸린 아이들이 10분의 1로 줄었다. 예방접종의 위력을 실감한 사례다.

복도까지 길게 줄 서 있는 아이들을 본 어느 교사는 병원 개업하면 장사가 잘 될 것 같다며 웃으며 지나갔다. 계절마다 유행하는 질병에 꼭 걸리는 아이들이 있는가 하면, 어떠한 신종질병이 와도 질병에 잘 걸리지 않는 아이들도 있다. 병균과 싸울 수 있는 면역력이 좋은 아이들이다. 사계절이 돌아오듯 새롭고 낯선 질병은 항상 온다. 우리의 삶에서 일어나는 모든 일들을 감당하고 싸우며 헤쳐 나갈 수 있어야 하는 것처럼 질병과 싸울 힘도 필요하다. 그것이 면역력이다.

9

면역력 공식: 잘 먹고, 잘 자고, 잘 싸고, 잘 놀고

나 "건강이란 뭘까?"

아이들 "건강은 튼튼한 거예요." "건강은 잘 지내는 거예요."

나 "맞아. 건강은 잘 먹고 잘 싸고 잘 자고 잘 노는 거야."

아이들 "그럼 똥을 잘 누면 건강한가요?"

나 "물론이지!"

아이들과 나는 한바탕 웃음바다가 된다. 건강은 거창하지 않다. 건강한 삶에서 행복한 삶이 나온다. 가장 기본이 되는 욕구가 채워졌을 때 건강하고 행복하다. 영양 잡힌 식사, 적절한 운동, 행복한 웃음과 사랑이 건강한 삶의 기본요소다. 우리는 어른이니까 이런 답변으로는 시원치 않을 것이다. 좀 더 과학적으로 보자. 건강에 미치는 영향으로는 유전, 생활습관, 사회적 보건의료 환경, 살아가는 환경 등이 있다. 그중 가장 많은 비율을 차지하는 것은 생활습관으로 흡연, 술, 운동, 스트레스, 식습관, 의약품, 사고 등이 51%를 차지한다. 유전적 요인은 색맹, 혈우병, 다운증후군 등이며 20%다. 나머지 8%는 사회적인 것으로 보건소, 병원 등 의료기관의 접근 편리성 등을 들 수 있다. 살아가는 환경은 20%로 공해, 위생, 소음, 농약, 식품첨가물 등을 들 수 있다. 그러나 무엇보다 개인적인 습관이 매우 중요하다.

건강은 잃어버린 후에야 그 소중함을 알 수 있기 때문에 다들 잃고 나서야 후회한다. 예전보다 더 잘 먹고 잘 살지만 체력은 더 약해졌다. 초중고 학생들의 수면 시간은 점점 더 짧아져 세계적으로 봐도 절대적으로 부족하다. 학교 끝나자 마자 학원에 갔다가 밤 10시에 끝내고 집에 돌아온 후에도 숙제하다 보면 12시를 훌쩍 넘기기 일쑤다. 아이들을 성적으로 몰아가며 기본적인 욕구도 충족시키지 못하고 있다. 미래의 성공을 위해 잠을 줄여 공부하고, 성취를 위해 제대로 된 음식을 먹지 못하고, 공부를 위해 책상에 하루 종일 붙어 있는 그런 삶을 살면서 앞만 보고 바쁘게 달린다. 그런 어느 날 문득 행복하지 않다는 생각이 든다. 기본적인 욕구가 무시된 채 타인의 인정과 자아실현을 위해 노력하다 보니 기초가 부실한 욕구의 탑이 흔들리는 것이다. 가장 기본이 되는 욕구는 의식주를 충족하는 '생리적 욕구'다. 물과 음식, 호흡, 배설, 수면 등이 충족되지 못하면 인간은 생존 자체가 불가능해진다. 생리적 욕구가 충족되지 않으면 질병을 유발한다.

흔히 질병은 세균이나 바이러스 등의 외부요인이 침입해서 생기는 거라고들 생각한다. 그러나 우리 몸은 '정상'으로 가기 위한 자연치유력이 내재되어 있다. 이것이 면역력이다. 세균, 바이러스, 곰팡이, 기생충 등 병을 유발할 수 있는 병원체은 많고 수시로 위협하지만 누구나 다 병에 걸리는 것은 아니다. 집안의 대문을 지키듯이 면역력이 지키고 서 있어서 해로운 것들을 물리치기 때문이다. 우리 몸은 병균들이 들어온 것을 알아차리고 즉시 핏속에서 병균과 싸울수 있는 항체를 만들어 보호한다. 내 몸의 방어군인 항체는 병원균이 몸에 들어온 후에 만들어지기 때문에 너무 늦게 만들어지거나 항체의 힘이 약하면 병에 걸리게 된다.

메르스나 신종플루가 유행이었을 때 전염병에 걸린 아이들이 결석하면 그 다음날에는 그 아이 주변에 있던 아이들까지 구멍처럼 빈자리가 늘었다. 툭하면 감기에 걸리고 한 달 내내 콧물과 기침으로 고생하며 쉽게 낫지 않는 아이가 있는가 하면, 어떤 아이들은 하루 이틀 앓고 나면 거뜬하다. 몸 외부에서 들어오는 병원균에 저항하는 힘인 면역력이 강하냐 약하냐에 따라 다르기 때문이다. 우리 몸의 항체는 기억력이 좋아서 한 번 싸워본 병원체를 기억한다. 그래서 나중에 같은 병원체가 들어오면 더 잘 싸울 수 있다. 예방접종은 그래서 필요하다. 병에 걸리기 전 연습용으로 약한 병원체를 몸에 넣어 나중에 병원체가 들어왔을 때 항체가 싸우기 유리하도록 경험을 쌓아주는 것이다. 우리 몸은 1년 365일, 매 순간 병균들과 싸워 이기고 있는 중이다. 이런 면역력은 평생 건강을 지켜주는 삶의 동반자로서 살아있는 한 끊임없이 지속된다.

우리 몸에 있는 스스로 치유하고자 하는 힘이 쳐들어오는 질병을 이기고, 그 싸움의 이력은 기억되고 저장되어 점차 강해진다. 질병이란 면역력과 병원체가 싸우는 과정이며 우리 몸이 다시 평형을 이루려는 시도다. 몸의 면역력이 떨어지면 언제든지 다시 찾아올 수 있는 불청객이다. 면역학 분야의 최고 전문가인 일본 아보 도오루 박사는 "면역이 제 기능을 다하지 못하면 감기나 암, 그 외 질환에 걸리기 쉽다"며 "평소 생활 속에서 바르게 먹고, 잠 자고, 숨쉬는 방법을 알고 실천하면 면역력이 저절로 강해진다"고 설명했다. 히포크라테스는 "면역은 최고의 의사이며 최고의 치료법"이라고 했다.

규칙적인 운동, 긍정적인 생각, 충분한 수면, 스트레스 조절, 행복한 가정생활, 건강한 음식 섭취 등이 면역력을 높여준다. 인간관계 또한 면역력을 높인다. 사람들과 더 잘 어울릴수록 감기 발병률이 낮다는 연구 결과가 있다. 사람을 많이 만나면 감기에 걸릴 확률이 높을 것 같지만, 오히려 긍정적인 감정과 사회관계에서 오는 안정감이 면역력을 향상시키는 데 도움이 된다.

10

응급상황 119, 생명을 살리는 찰나의 순간

학창시절 월요일 아침마다 전교생들이 운동장에 서서 교장선생님의 이야기를 듣는 조회가 있었다. 한여름 햇볕 아래에서 교장선생님의 끝날 듯 끝나지 않는 '그러나, 다시 한 번, 마지막으로'를 듣고 있다 보면 한 시간을 훌쩍 넘기기도 했다. 이때 옆에서 갑자기 스스륵 쓰러지는 아이들이 있었다. 너무 부러웠다. 그 애처럼 쓰러지면 이 상황을 벗어나 보건실에서 쉴 수 있기 때문이다. 그러나 몇시간씩 서 있어도 아무렇지도 않은 내 튼튼한 몸을 원망할 뿐이었다.

어른이 되어 학교에 온 후 조회시간이나 체육시간에 쓰러지는 아이들을 볼 때면 이제는 내가 쓰러질 지경이다. 오랜 시간 서 있거나 더운 날씨에 노출되거나 때론 자기 몸에 생긴 상처에서 나오는 피를 보거나, 예방접종 주사 바늘만 보아도 실신하는 아이들이 있다. 극도의 긴장과 정신적인 스트레스로 뇌로 가야 하는 혈액이 일시적으로 부족해져 호흡을 제대로 하지 못하면 의식을 잃고 실신하게 된다. 아이의 의식 상태를 확인한 후 안구는 어떤 상황인지, 제대로 말은 할 수 있는지, 혹시 팔다리에 경직이나 마비가 오지는 않는지를 살펴야 한다. 대부분 시간이 지나면 저절로 회복된다는 것을 알고 있으니 스트레스로 인한 증상이라면 다행이지만 또 다른 원인이 있을 수 있기 때문에 긴장을 놓을 수 없다.

학기 초가 되면 가정통신문을 이용하여 아이들을 좀 더 세심하게 보살필 수 있도록 요양호조사를 실시한다. 요주의가 필요한 아이들이 있으면 학부모와 통화하고, 아이들이 방문할 때 쉽게 파악할 수 있도록 보건일지에 기록한다. 아이가 방문했을 때 이름과 반이 뜨면서 아이의 병명을 바로 알 수 있도록 말이다. 언제 어디서든 일어나는 위험에 대해, 또 혹시 모를 상황에 대처하기 위해 위험요인을 미리 파악해 대책을 마련한다. 아이들이 건강하게 활동할 수 있도록 미리 위험요인을 제거함으로써 안전을 확보하려는 노력은 필수다.

아이들의 상태를 전혀 모른 채 하는 활동은 사고를 부른다. 심장이 약해 체육시간에 주의가 필요하거나, 당뇨 때문에 매일 측정해야 할 상황일 수도 있고, 천식이나 간질 등의 증상으로 따로 처치가 필요할 수도 있다. 같은 이유로 음식이나 약물 알레르기, 요주의를 요하는 질병, 천식, 심장, 소아당뇨 등의 유무를 조사한다. 뇌전증, 저혈당, 뇌혈관기형, 부정맥, 심장질환 등의 가족력이 있는지도 파악한다. 이렇게 꼼꼼히 주의를 기울여도 뜻하지 않은 사고로 응급상황이 발생한다.

가장 많이 일어나는 응급상황은 알레르기다. 콧물이나 아토피, 천식 등은 음식뿐만 아니라 햇빛, 진드기 등으로도 나타난다. 가볍게 보일 수 있지만 절대로 가볍지 않은 알레르기는 자칫 죽음으로까지 이어질 수 있다. 학교에서 급식 중 카레에 들어간 우유 때문에 목이 부어서 응급실까지 간 사건이 있었다. 아이가 점심시간 후 두드러기로 방문했다. 체육시간 후에 두드러기가 나기 시작하더니 얼굴까지 이어져서 우선 지르텍을 복용시켰다. 그 후 알레르기를 일으킬 음식물이나 약물 알레르기가 있는지, 전에도 이런 경험이 있었는지 물어봤는데 전혀 없다고 했다. 바이탈 모두 정상이어서 약을 먹었으니 조금 기다리며 살펴보다가 심하면 병원에서 주사를 맞아야 한다고 말하고 있던 중이었다. 아이 몸이 갑자기 늘어지더니 숨쉬기가 답답하고 어지럽다고 했다. 급하게 혈압기, 옥시미터기, 일회용 산소를 들고 뛰었다. 혈압은 안 잡히고 애는 늘어지고 산소를 주면서 주변에 있는 선생님께 119에 전화해 알러지 쇼크라고 말하라고 했다. 정신을 잃어가는 아이한테 계속 말을 시키면서 다리를 위로 올린 자세를 취하게 하고 계속 산소를 주면서 119에 함께 탔다.

이런 아이가 있다면 호흡곤란 시 벤토린을 뿌린다. 한 번 흡입하고도 증상이 호전되지 않으면 곧바로 119를 불러 응급실로 가야 한다. 위급하니 119를 부르고 차량 내 에피네피린을 투여하고 병원으로 이송했다. 나중에 부모님이 오셔서 과거력을 물으니 유치원 때 계란 종류를 먹으면 두드러기가 나서 병원에 가서 주사를 맞은 적이 있지만 그 후로는 없었다고 한다. 의식이 호전되고 혈압이 잡히는 것까지를 확인하고 학교로 돌아왔다. 기록이 없는 아이가 새롭게 증상을 일으키는 경우도 있다. 학기 초 알러지 조사에서도 이상이 없었는데 과거력이 6년이 넘은

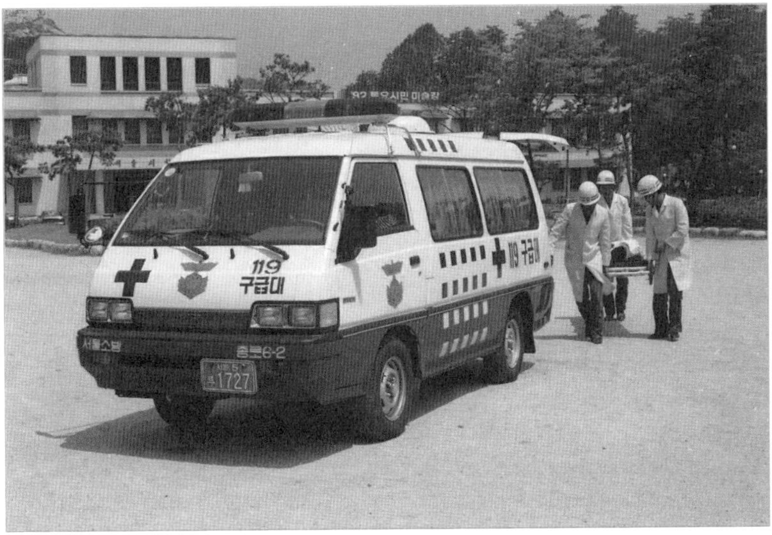

지금 갑자기 아나필락시스 쇼크를 일으켰다.

이런 일도 있었다. 공익이 급하게 한 아이를 데려왔다. 3학년 아이인데 특수반이었다. "선생님, 큰일 났어요. 사탕을 먹다가 목에 걸렸어요." 아이는 목을 부여잡고 켁켁거렸고 119를 불러 달라고 하고는 순간적으로 하임리히법, 즉 아이의 뒤에 서서 아이 허리를 팔로 감은 후 주먹쥔 손을 환자의 명치 아래에 놓고 가슴쪽을 향해 빠르게 위로 밀어 올리는 상복부 압박법으로 아이를 세차게 압박하기 시작했다. 계속적으로 압박해도 사탕이 나올 생각을 하지 않았다. 할 수 없이 공익과 함께 아이를 거꾸로 들어올린 후 등을 계속해서 치자 기적처럼 커다란 알사탕이 툭하고 튀어나왔고 비로소 아이의 숨통이 트였다. 아이를 안정시킨 후 목안을 살펴보면서 맥박, 호흡, 혈압, 체온상태를 측정하고 전신 이상 유무를 검사했다. 다행히 아이는 바로 정상적인 소견을 보였고, 다른 손상은 보이지 않았다. 나는 추후 관찰과 정밀검사를 위해 아이를 인근 병원 응급실로 후송하고 학부모에게 연락해 아이를 인계한 후 학교로 돌아왔다. 몇 시간이 지나 아이는 아무 일도 없었다는 듯이 웃으며 학교로 돌아왔다.

아이가 친구랑 부딪혀서 중심을 잃고 떨어지면서 바닥에 머리를 부딪혔다. 이 광경을 보던 다른 아이가 나를 찾아 뛰어와서 응급가방을 들고 달려갔다. 의식을 잃은 듯 쓰러져 머리에서 피가 줄줄 흐르고 있었다. 주변 교사들에게 119에 연락하라고 지시한 후 자세히 살펴보니 의식이 없었고 동공이 확대되어 있었다. 자세를 그대로 유지한 채 머리 쪽에서 흐르는 피를 거즈로 막고 일회용 산소통으로 산소를 공급했다. 그렇게 2통을 다 사용한 한참 후에야 아이의 의식과 동공이 제자리로 돌아왔다. 혈압, 호흡, 열을 체크하고 있는데 119가 도착했다. 아이를 태우고 응급실로 직행하는 동안 아이에게 큰일이 생길까 하는 불안과 긴장감이 나를 짓눌렀다. 무사히 잘 넘겨서 다행인 경우였다.

때로는 아이가 죽는 것을 목격하기도 한다. 인근 학교에서는 아이가 체육수업 후 어지럽다며 보건실에 왔는데 갑자기 의식을 잃고 쓰러졌다. 119를 불러 이동한 상태였지만 아이는 구급차 안에서 숨을 거두었다. 학부모는 보건교사와 체육수업을 했던 담임, 학교를 상대로 고소를 한다며 난리가 났다. 그러나 병원 검사 결과 대동맥 판막하 협착증으로 인한 기형심장 진단을 받았다. 학부모는 자기 아이에게 이런 증상이 있는지도 몰랐던 것이다. 아이가 쓰러지고 나서야 알게 된 기막힌 경우다. 다른 학교에서는 아이가 농구경기 후 갑자기 쓰러졌다. 가슴 통증, 호흡곤란과 함께 경련을 일으켜 지도교사에 의해 응급조치를 받았다. 이후 지도교사는 사고학생이 안정을 취할 수 있도록 했는데 호흡은 정상적으로 돌아왔으나 경련은 차도가 없어 병원으로 갔다가 사망한 사건이었다. 검사 결과 아이의 체력에 비해 운동량이 지나쳐 심장과 폐기능이 일시정지해 사망했다는 진단이 나왔다.

위급한 상황이 되면 어떻게든 해결하기 위해 본능적으로 아이 상태는 어느 정도이며, 어떻게 처리할지, 도움을 줄 수 있는 주변 사람은 있는지, 맨 처음 해야 할 우선순위가 무엇인지를 파악하고 사태를 수습한다. 그 본능적인 순간이 지나고 아이가 괜찮아지면 그때서야 온몸이 얼어붙은 듯 바들바들 떨리면서 긴장이 풀어져 주저앉아 버리곤 한다. 때로 다른 학교에서 잘못된 응급처치로 학부모에게 소송을 당했다는 소식을 듣거나 제대로 처지가 안 되었다고 항의하는 학부모 전화를 받을 때면 씁쓸하기만 하다.

학교의 유일한 의료인으로서 언제 터질지 모르는 응급상황에 늘 긴장감을 갖는다. 자라 보고 놀란 가슴 솥뚜껑 보고 놀란다고 바쁘다고 아이가 보내주는 신호를 놓친 것은 아닌지 새삼 아이들을 주의 깊게 살펴본다. 병원이 아닌 학교 현장은 혼자이기에 더욱 두렵다. 병원은 내가 아니더라도 훈련되고 더 능숙한 사람들이 있다. 동료, 선배, 의사들이 있어서 내 비중이 덜하지만 학교에서 이런 상황이 되면 오로지 혼자서 그 상황을 통제해야 한다. 그러기에 응급상황에 대처할 수 있도록 꾸준한 전문적인 연수가 필요하며, 그렇게 준비된 자신감이 심장을 단단하게 해준다. 정말이지 아침마다 간절히 기도한다. '제발, 오늘도 무사히'

11

학교는 안전한가?

잠자는 시간을 뺀다면 가정과 학교, 어디에서 아이들이 더 많은 시간을 보낼까? 맞벌이 등으로 아이들이 가정에서 부모와 함께하는 시간보다 학교에서 교사나 친구와 함께 있는 시간이 훨씬 많다. 학년이 올라갈수록 그런 현상은 심화되고, 그만큼 학교가 '제2의 가정'으로 돌봄까지 맡아야 한다. 아이들이 학교에서 많은 시간을 보내다 보니 안전사고나 범죄 역시 많아졌다. 학교가 공부하고 즐겁게 지낼 수 있는 안전한 곳일 수만은 없게 된 것이다.

예전에 운동장에서 고함소리가 나서 나가봤더니 한 여학생이 울고 있었다. 지나가던 선생님이 커다란 개한테 물린 것 같다고 했다. 그 당시만 해도 운동장에 개들이 들어오거나 아이들이 개를 데려오는 경우도 있었고, 소소하게는 자기집 개에게 물리는 아이들도 종종 있었다. 물린 상태를 보기 위해 소매를 걷어 올린 순간 개 이빨자국이 선연했고,

깊은 상처가 나 있었다. 주인 없는 개라는 얘기를 듣자 머릿속에 광견병이 떠올랐다. 병원에 보내 상처를 잘 봉합하고, 광견병을 우려하여 일주일가량 입원치료를 받게 했다.

학교 운동장으로 개가 들어와서 아이들을 문 사건도 일어났었고, 외부인이 담임 없는 교실에 들어간 후 성교육을 해준다면서 자신의 성기를 꺼내 물의를 일으키기도 했다. 어떤 학교에서는 학교 운동장 벤치에서 비닐봉지 안에 든 본드를 마시고 교실 안으로 들어가 돌봄 교실 수업을 하던 50대 여교사의 목을 조르고 입을 맞추려고 하기도 했다. 끔찍하지만 학교 인근 성범죄자 증가 등 학생과 학교의 안전을 위협하는 요인이 많아지고 있는 것이 사실이다. 실제로 아이들에게 성폭력이 많이 일어나는 시간이나 장소 역시 하교시간과 학교 주변이다. 학교는 더이상 완벽히 안전하지는 않다.

학교가 아이들에게 가장 안전한 곳이어야 하지만 어쩌면 아이들이 많은 학교가 가장 많은 위험에 노출되어 있다고 볼 수도 있다. 누구나 들어올 수 있도록 항상 개방되어 있는 곳이라서 누군가가 나쁜 마음을 먹는다면 어떤 상황이든 발생할 수 있기 때문이다. 이런 일들을 막고자 학교 외부인 출입 단속 강화를 위해 외부인 방문증 패용을 의무화했고, 무단 외부인 식별, 신고, 단속 등 관리 요령을 숙지하고, 외부인과 구분하기 위해 외부강사 명찰을 착용하도록 했다. 그러나 학교뿐만 아니라 학교 안팎의 노력이 필요하다.

그 중요성이 인식되면서 점차 학교나 사회가 변화하고 있다. 안산에 근무할 때 바로 근처 학교에서 조두순 사건이 발생했다. 아이가 아침에 등교하다가 큰길로 가면 늦을까봐 뒷길로 학교에 갔는데, 인적이 드문 뒷길에서 성폭력을 당했다. 과거에는 개인에게 일어나는 사고에 대해 그 책임을 개인에게 돌리곤 했다. 이런 인식은 좋은 환경이 아니라 아이들에게 조심하라는 교육을 시키는 것에 그치게 만들었다. 성폭력 예방 교육 또한 아이들에게 "싫어요! 안돼요!"라고 외치라고 수업했다. 과연 이것이 실효성이 있을까? 자기 의견을 제대로 이야기한다는 면에서 보면 옳다고 볼 수도 있다. 그러나 자신보다 훨씬 큰 낯선 사람에게 말로 저항하는 교육을 한다고 해서 과연 효과가 있을까?

교육뿐만 아니라 안전한 환경을 만드는 게 더 중요하다는 인식이 사회를 바꾸기 시작했다. 학교폭력이 많던 학교에 CCTV 사각지대를 없애고, 후미진 곳을 감시의 공간이 아닌 아이들이 참여해서 즐길 수 있는 '열린 공간'으로 바꾸었다. 서울시의 경우 성폭력이 빈번하게 일어나고 좁고 어두워 걷기조차 꺼려지던 염리동 소금길을 '핫 스팟'으로 연결해 걷고 싶은 산책로로 조성했다. 1번부터 69번까지 가로등에 번호를 매겨 그곳을 걷는 사람의 현재 위치를 쉽게 확인하도록 했더니 범죄 예방률이 높아졌으며 '소금길'이라는 안전하고 예쁜 산책로가 있는 동네로 변신했다.

학교 주변의 안전한 환경에 대한 관심은 아이들에게 안전한 환경을 만들어주는 시작이다. 학교 역시 안전한 환경을 만들기 위해 노력했다. 학부모는 수시로 점검했고, 학교에서는 저항교육으로 위험한 사람에 대한 예민성을 키워 스스로 환경을 조절할 수 있도록 가르쳤다. 학교는 학교에 오는 사람들의 신분을 검사했고, 외부인들에게 문을 닫았다. 학교 주변에 대한 안전지도를 제작하여 아이들과 함께 보고 방화벨이 어디 있는지 어떤 길이 위험한지에 대해 미리 인지시켰다.

인정하기 싫겠지만 학교는 은연중 아이에게 '가만히 있으라'고 강요한다. 교육 방식뿐만 아니라 아이들이 사용하는 공간 역시 아이를 억압한다. 아이들이 다칠까봐 활동을 제지시키는 것이 아니라 마음껏 뛰어놀면서 다치지 않고 아프지 않을 수 있는 환경을 만드는 것이 우리 어른들이 할 일이다. 너무나 많은 것들을 아이들에게 조심시킨다. 낯선 사람을 만나지 마라, 밤길을 다니지 말아라, 도와주지 말아라, 아이들은 이러한 성폭력이나 유괴 등의 안전교육을 배울 때마다 움츠러들고, 자신의 행동이나 주변을 살펴보게 되고, 자신의 행동을 점검하게 된다. 아이들의 행동을 규제하기보다 아이들에게 안전한 환경을 제공해주는 게 우선이다. 뛰지 말라고 하기 전에 뛰어도 다치지 않는 환경을 만들어야 한다.

아이들의 생활습관과 건강이 아이 개인의 문제가 아니라 가정과 사회의 문제로 연결된다면 그 여건을 향상시킬 수 있는 현장에 있는 내가 주변에 관심을 기울이는 것이 옳을 게다. 아이들을 치료해주는 일시적인 해법이 아니라 아이들을 다치게 하고 아프게 하는 원인이 무엇인지를 알고 개선하는 일 또한 보건교사인 내 일이라고 생각한다. 아이들은 안전에 대한 위험 예지 훈련이 필요하다. 아이들이 활동하는 공간에서 상황에 따른 '어떠한 위험이 잠재하고 있는가'에 대하여 친구들과 이야기를 나눈 후 위험한 것을 미리 파악하고 그 해결방법을 알아보고 위험한 요소를 없앰으로써 안전한 생활을 할 수 있도록 만드는 것이다. 아이들이 흔히 하는 실수를 줄이고, 사고에 대한 감수성을 키워준다. 또한 미리 체험해봄으로써 친구들의 행동에 집중력을 높여주고 주변에서 위험할 수 있는 것을 스스로 해결해 나갈 수 있도록 교육한다. 자신의 행동에 대해 주의 깊게 생각할 수 있는 시간이 필요하다. 무조건 하지 말라는 교육이 아니라 어떻게 하면 주의할 수 있는지를 알 수 있도록 해주어야 한다.

위험한 것을 개선하기 위해서는 아이, 교사, 학부모, 관리자, 사회, 모두의 소통이 필요하다. 흡연 예방, 성폭력 예방, 질 좋은 식단 등 아프지 않고 건강하게 지낼 수 있도록 교육하지만 더 큰 의미 있는 변화를 만들려면 더 큰 차원에서의 학교, 가정, 사회의 변화가 필요하다. 건강과 안전의 문제는 아이들 개개인의 문제가 아니라 우리가 살고 있는 어른들의 책임이다. 어른들의 의식 수준만큼 변화할 것이다. 한 아이를 키우기 위해서는 온 마을이 필요하다는 말을 잊지 말자.

SCHOOL BUS

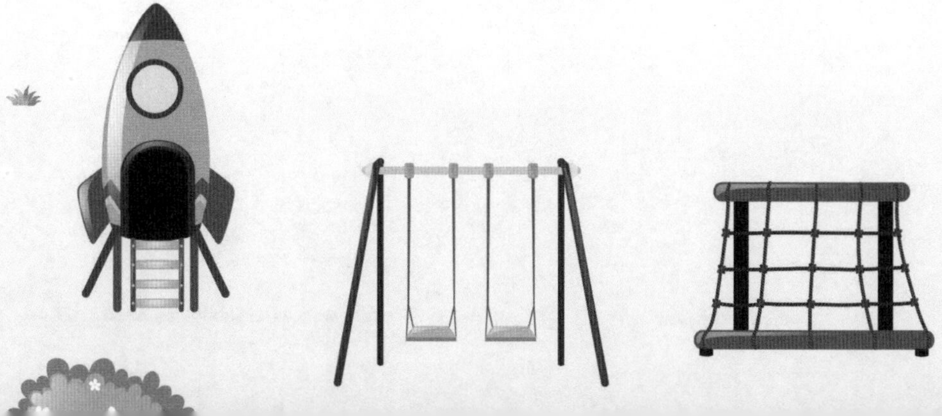

4부

마음이 아픈 아이들,
치유가 필요한 아이들

①

"선생님, 머리가 아파요!"를 통해 본 진실

6학년 여학생이 찾아왔다. 아이는 단정하고 차분해 보였다. "몸에 힘이 하나도 없고 구토할 것 같아요." 머리가 너무 아파 수업을 할 수 없다고 했다. 아이는 생리 중이었고 신경이 날카롭게 서 있어서 침대에서 안정을 취하게 했다. 식체를 의심했으나 가끔 머리가 아프다고 진통제를 먹던 아이였기 때문에 다시 한 번 자세한 사정이 필요했다. 시험기간일 때 더욱 심해졌고, 생리 중이거나 평상시라도 발표 등을 해야 할 때면 머리가 아파오면서 구토할 것 같은 압박감을 느낀다고 했다.

4학년 남학생은 매일 자기 정수리를 가르키며 "여기가 자꾸 쑤시는 듯 아파요" 한다. "선생님, 저는 책상에 앉기만 하면 머리가 아프고 특히 수학이나 영어 시간에는 더 많이 아파요" 다른 시간에는 안 아프냐고 묻자 "체육시간이랑 제가 좋아하는 태권도 학원에 갈 때는 머리가 하나도 아프지 않아요" 한다. 아이의 일상은 어른인 내가 봐도 머리가 아플 정도로 바빴다. 노는 시간도 없이 학교, 학원을 반복한다. 스트레스성 두통을 의심했고 그 후로 머리가 아프다고 할 때마다 플라세보 효과, 즉 약효가 없는 가짜약을 주거나 수지침 요법으로 손가락 끝을 눌러 두통에 효과적인 지압점을 알려주었다. 처음 한동안은 괜찮다더니 며칠 지나자 다시 아프다고 한다.

나중에는 몹시 고통스러운 통증을 호소했는데 진짜 진통제를 주어도 듣지 않을 정도가 되어 담임과 어머니를 불러 상담하게 되었다. 담임교사와 상담 결과 공부도 잘하고 책임감도 강했으나 평상시 자신의 감정표현을 잘 하지 않고 억제 경향이 보인다고 했다. 그런 내적 긴장이 스트레스로 작용해서 통증을 나타내는 것으로 보였다. 엄마는 아이가 자주 두통을 호소하니 병원검진을 받아보라는 소견을 듣고는 학교로 찾아왔다. 학업에 스트레스를 많이 받아 스트레스성 두통 같다는 말에 "애들이 무슨 스트레스를 받아요? 원하는 거 뭐든지 다 들어주고 신경 써주고 복에 겨워서 그런거죠" 한다. 남들보다 더 시키는 것도 아니고 기본인 수학과 영어뿐이며, 어떤 부모가 애가 머리 아프다고 아무것도 안 시킬 수가 있냐며 불쾌감을 표현했다. 아무 문제없다고 이야기하면서 자리를 박차고 돌아갔다.

병원에서 위중한 환자들을 보다가 아이들을 처음 대했을 때는 이유도 없이 매일, 하루에도 4~5번씩 아프다고 찾아오는 아이들이 이해되지 않았다. 열도 없고 다친 곳도 없고 아무런 의학적 증상이 없는데 아이들은 나만 쳐다보니 어떻게 해주어야 할지 몰라 답답했다. 아이의 행동만 보던 시기였던지라 그런 아이들 자체가 못마땅했다.

행동 너머에 있는 아이의 감정을 살피게 되면서 아이가 가진 아픔의 민낯을 보게 되었다. '머리가 아파요는 마음이 아파요'였다. 몸이 말을 한다. 마음이 아프다고 말을 한다. 부모, 친구, 선생님으로부터 받았던 상처는 몸의 통증으로 찾아온다. 자주 아프다고 오는 아이들을 상담을 통해 원인을 찾다 보면 결국 부모와의 문제에서 오는 경우가 많았다. 가정형편이나 가족과의 마찰 등 거의 대부분이 가정 문제다. 엄마와 많은 시간을 보내는 아이들은 가장 사랑하지만 가장 미워하기도 하는 애증관계을 보이기도 했다. 동생과 비교당하거나 자기도 초등 3학년인데 동생을 챙겨야 하는 언니 노릇을 해야 하기도 했고, 외아들이라 과잉 기대로 힘들어하기도 했다. 표현이 부족한 아이가 말하지 못하는 것을 몸이 대신 말해주는 과정이었다. 다른 사람과 똑같아지기를 강요받고, 성적으로 자신의 가치가 정의되고, 자신이 원하는 것, 꿈꾸는 것, 느끼는 것을 말하지 못하며, 소통할 수 있는 사람 없이 홀로 견디는 아이들이었다.

이런 아이들을 보면 다른 사람과 쉽게 어울리지 못하고 겉도는 경우가 많으며, 교사와의 관계에서도 만족도가 낮고, 학교규칙에 잘 적응하지 못한다. 친구관계, 교사와의 관계에서 자주 문제가 발생하는 등 부정적인 관계 형성을 경험하는 경우가 많다. 이런 속사정을 알게 되자 몸이 아픈 게 확실해 보이는 아이들이라도 혹시 마음이 아픈 것은 아닌지 한 번 더 보게 된다.

②

[교사 처방전]

아이들의 스트레스를 발견하다

“선생님 머리가 아파요!” 오늘도 아이들은 머리가 아프다고 문을 두드린다. 살면서 한두 번 머리 아픔을 경험해보지 않은 사람은 없을 정도로 복통만큼이나 흔한 증상이다. 보건실을 이용하는 통계를 보면 두통은 9% 정도였으나 해가 지날수록 비율이 높아진다. 두통의 원인이 신경성인 경우가 많기 때문에 별다른 원인이 없을 경우 잠시 안정을 취하게 하는 것 외에는 어떻게 해줄 수도 없고, 열도 없어 꾀병 환자로 분리되기 쉽다.

어른과 달리 아이들은 두통의 원인을 알아내기가 어렵다. 어릴수록 자신의 몸 상태를 말로 표현하는 능력이 떨어져 소통이 어렵고 그 원인을 찾기도 힘들다. 두통은 질병의 전구 증상일 수도 있으므로 먼저 정확한 진찰이 앞서야 한다. 원인은 다양하다. 뇌출혈, 뇌종양 같은 심각한 기질적 원인, 감기나 코막힘 같은 내과적 요인, 치과, 급체, 생리통, 장시간 동안 머리를 움직이지 않고 꼿꼿이 있는 자세, 눈이 피로할 때, 수면부족 등이다. 여러 가지 요인으로 인해 머리의 근육이 긴장하여 머리가 아프다. 또 교실 내 공기가 좋지 않거나 순환이 되지 않거나 사람 많은 곳에 가거나 빛이 너무 강해서 등 주변 환경에 의해서도 아플 수 있다.

특히 두통은 스트레스성인 경우가 많다. 머리가 아프다고 하는 아이들 속에는 다양한 사연들이 있다. 엄마에게 아침부터 혼난 아이, 시험 못 봤다고 힘들어하는 아이, 밥을 챙겨 먹지 못하는 아이, 집에서 매 맞는 아이, 친구가 괴롭혀서 고민인 아이, 성폭행을 당한 아이 등 신체적으로 아픈 것뿐만 아니라 정신적으로 아픈 마음을 머리가 아프다고 표현한다. 신체적, 정신적, 환경적인 여러 가지 이유로 뇌혈관이 확장하여 통증을 느낀다. 정신적인 여러 가지 문제로 시달리는 아이들이 사연을 갖고 찾아든다.

스트레스가 나쁜 것만은 아니다. 적당한 스트레스는 아이가 성장할 수 있도록 해주는 힘이 되기도 한다. 스트레스 정도가 적당하면 큰 스트레스가 닥쳤을 때 이겨낼 수 있는 힘이 되고 면역력을 높여주지만, 너무 심해지면 마음의 아픔을 몸이 아픈 증상으로 대체한다. 아이들이 이기지 못하는 과한 스트레스는 호르몬 이상과 그로 인한 신경계 압박으로 진짜 두통으로 바뀌는 것이다. 꾀병이 아니다. 스트레스는 호흡곤란까지 오게 한다. 스트레스성 두통의 원인은 누가봐도 객관적인 상황이 아니라 아이의 주관적 느낌이라는 점을 알고 상담에 임해야 한다. 다른 친구들보다 학원을 덜 다니지만 본인에겐 벅찰 수 있다. 따라서 가벼운 농담이나 격려로 스트레스를 가볍게 환기시키거나 상담을 통해 마음 속

이야기를 들어주기만 해도 진통제 한 알로도 두통이 사라질 수 있다.

가장 중요한 단서는 ‘어떻게’ ‘어떤 부위가’ 아픈가를 아는 것이다. 두통이 오전과 오후 중 언제 더 심하게 나타나는지, 두통으로 인해 자다가 깨는 일은 없는지, 열 · 구토 · 시력이나 시야 이상 등 달리 불편한 증상이 더 있지는 않은지를 확인해야 한다. 또 기침이나 재채기 등 뇌의 압력이 올라가는 순간 두통이 더 심해지지 않는지도 관찰해 알아내야 한다. 아이들은 선천적으로 아픔을 느끼는 정도와 아픔을 견디는 정도에 차이가 있다. 같은 체온인데도 한 아이는 공부할 수 있을 정도라고 하고, 다른 아이는 거의 실신할 지경이 된다. 어른이라면 감기, 몸살 때의 두통과 머리를 부딪쳤을 때의 두통은 아픔의 성질이 다르다는 것을 알고 있다. 그러나 아이들은 머리를 부딪쳐도 머리가 아프다고 하고, 열이 나도 머리가 아프다고 한다. 다 머리가 아프다고 하기 때문에 원인에 대해 그냥 쉽게 넘기지 말고 아이를 세심하게 관찰해야 한다.

아이가 보여주는 신체증상은 단순히 아이의 문제가 아닌 주변으로부터 받은 영향이므로 아이에게 문제가 발생했을 경우 가정형편이나 상황을 충분히 이해하려고 노력해야 하며 학부모와 함께 해결할 수 있는 방안을 찾아야 한다. 아이들은 말을 하고 싶은지 집에 있는 강아지부터 친구, 엄마 이야기까지 별의별 수다를 다 떤다. 초등학교 6학년 아이가 “선생님, 저는 애정 결핍이에요. 집에 가서 엄마한테 학교에서 있었던 일을 말하고 싶은데 도대체 제 이야기를 들어주지 않아요. 피곤하다고 귀찮아해요” 한다. 밴드를 붙이거나 약을 주는 것보다 더 많은 시간과 에너지를 쓰게 되지만 그래도 아이에게 필요한 것은 마음의 밴드이기에 귀를 기울이는 정서적 지지도 큰 힘이 된다. 아이의 이야기를 들어주고 격려해 적응할 수 있는 힘을 주고 돌려보낸다. 이유 없이 지속적으로 머리가 아프다고 했을 때 '어린아이가 무슨 두통'이냐며 그냥 넘기면 병을 키울 수 있으므로 당연히 '어디가 어떻게 아프냐'며 더 관심을 갖고 살펴봐야 한다. 깊은 호흡을 하게 한 후 잠시 아이의 말을 들어주는 것만으로 생기를 찾기도 한다. 그러나 지속된다면 머리가 아니라 마음이 아픈 것이다.

안타깝게도 다친 상처에 바를 약은 있어도, 마음에 난 상처에 바를 약은 없다. 다만 아픔에 무뎌지게 하는 진통제가 있을 뿐이다. 잠시 봉합하는 진통제가 아니라 어떤 스트레스로 갈등하고 고민하는지를 알기 위한 상담이 필요하다. 그것이 불안이나 우울, 섭식장애, 거식증, 중독, 자살 사고 등을 불러일으키는 시작점이 될 수도 있으므로 가볍게 간과하지 말고 어떤 문제에 어려움을 겪고 있는지 들어보고 도와주고 이겨낼 수 있는 힘을 길러주어야 한다.

③

"학원 안 가서 좋겠어요"에 숨겨진 아이의 진심

어렸을 때 동네 어귀에서 고무줄놀이를 하다 보면 학원 가방을 들고 학원에 가는 아이가 부러웠다. 수업 중에 이런 얘기를 하면 아이들은 "학원 안 가서 좋겠어요. 나도 그때 태어났으면 좋았겠다" 하면서 한숨을 폭 내쉬곤 한다. 아파트 동네 놀이터에서 유치원 이상의 아이들을 볼 수 없다. 요즘 아이들은 놀이가 빠진 세상에 살고 있기 때문이다.

"4학년 때까지는 공부를 잘하는 편이었는데 5학년이 되면서 수업도 어려워지고 공부를 더 열심히 해도 성적이 오르지 않고 오히려 더 떨어져서 걱정이 돼요. 엄마가 성적을 보면 가만 두지 않을 텐데 성적만 생각하면 죽고 싶다는 생각이 들어요. 저는 머리가 나빠서 공부를 해도 소용이 없어요." 그 아이의 엄마는 매일 정해진 분량의 학습지를 풀게 하고 학원을 돌리는 등 아이가 노는 꼴을 보지 못했다. 학원 네다섯 개는 기본이라고 했다. 전교회장인 아이의 엄마였는데 아이를 통해 자신의 콤플렉스에 대한 보상을 받으려는 모습을 보였다. "너만은 꼭 서울대학을 가야 한다"고 주문을 외우는 엄마를 보며 아이는 늘 겁이 났다.

바로 옆 학교에서 4학년 아이가 아파트에서 떨어져 자살하는 사건이 발생했다. 아이는 방학숙제 때문에 엄마에게 혼난 뒤 아파트에서 뛰어내렸다. 종종 시험을 못 봐서, 학원 다니기가 힘들어서 등의 이유로 어린 나이에 자살하는 사건들을 본다. 초등학교 2학년 아이도 자살하겠다고 자신의 옷을 갖고 목을 졸라서 놀라기도 했다. 아이들은 경쟁사회에서 학업으로 내몰리고 지친다. 수학시간이 싫은 아이는 이유 없이 머리가 아프다며 회피의 수단으로 그 시간에 보건실에 찾아와 잠시 한숨을 돌리고 가곤 한다.

봄 햇살이 따스해지면 자연스레 야외활동이 많아지는데 이때 다리를 삐거나 외상 등 아픈 아이들이 늘어난다. 학교 축구부 아이들은 수시로 보건실에 온다. 운동하는 아이들 특유의 유쾌함이 있어 치료를 다 받고 나면 농담을 하거나 능글맞게 "선생님, 이뻐요" 하면서 뒤돌아선다.

그리고는 문을 닫고 함께 나가는 친구에게 한마디 한다. "봤냐? 사회생활은 이렇게 하는 거야." 귀엽기만 하다. 그렇게 치료받으러 오는 아이들 중 또래보다 덩치가 크고 사춘기가 오는 중인 듯 애띠를 막 벗어나고 있는 것 같은 남자아이가 있었다. 한 번도 웃는 것을 본 적이 없다. 늘 우울한 얼굴이었다. 6학년에 들어서면서 자주 찾았다. "어른들 말처럼 가슴이 먹먹하고 어지러워서 미치겠어요. 속이 답답해요." 뚜렷한 증상이 없는데도 너무 자주 찾아와서 결국 병원에 의뢰했는데 병원에서도 별다른 이상이 없다고 했다. 그 후에도 계속 통증을 호소했다. 아이는 항상 만사 귀찮다는 표정이었고, 밝고 산뜻한 모습을 찾기 어려웠으며 사소한 일에도 예민해지는 등 우울 증상과 무력감을 보였다. 정신건강 수업을 하다 보면 아이들은 공부 스트레스나 부모와의 관계, 친구 등 가장 소중한 사람으로부터 가장 많은 스트레스를 받았다. 아이들의 표정만 봐도 아이가 삶을 얼마나 지루하게 느끼는지가 전해졌다.

아이의 사정을 들어봤더니 자기가 초등학교 1학년이고 남동생이 3살이었을 때 엄마 아빠는 사업하느라 너무 바빠서 입주 아주머니가 두 아이를 먹이고 재우고 했다고 한다. 그때의 경험 때문인지 아이는 예민하고 제멋대로인 데다가 부모는 동생에게만 신경을 쓴다고 생각하고 있었다. 자기도 예민하지만 동생이 하도 성질이 더러워서 자기까지 그러면 엄마가 불쌍해서 꾹꾹 참는다는 말도 했다. 학교 수업이 끝나면 축구부가 시작되고 다 끝난 후 집에 들어가면 8시에서 10시, 학원 숙제까지 마치고 자면 다음날 아침이 된다. 주말인 일요일에는 축구 연습을 하고, 토요일에는 친구들과 놀기도 하면서 스트레스를 풀곤 했는데 10명의 무리 중 이중인격을 쓰는 아이가 자기를 왕따시켜 축구부도 하기 싫다고 했다. 그렇지만 6학년까지는 해야 하기 때문에 참아야 한다며 하소연이다. 아이는 이상이 높고 자신의 일에 적극적이며 완벽주의자적인 성향을 가진 듯했다. 이 아이처럼 평소 완벽주의자 성향이 있거나 화를 안으로 삭히는 사람들은 번아웃 증후군에 잘 걸린다.

대학 실습 중 정신과에서 결벽증적 환자를 본 적이 있다. 24세의 여자였는데 자라는 동안 부모로부터 높은 도덕적 기준을 요구받았다. 가족의 분위기는 완벽, 성결, 명예 등을 숭배하는 수준이었는데, 끝없는 경쟁 속에 내몰리고 질타당하며 열등감에 휩싸이다가 결국 강박증으로 병원에 입원하게 되었다. 이러한 성격의 아이에게 주변의 모든 환경은 스트레스로 다가왔고 감정이 켜켜이 쌓이자 무기력증과 회의, 자기혐오 등으로 아무 일도 하고 싶어 하지 않았다. "지금 앉아 있는 소파에서 아무것도 하지 않고 일주일만 이렇게 누워 있었으면 좋겠어요." 6학년인 아이가 벌써부터 번아웃 증후군을 느끼고 있었다.

작은 시골학교에서도, 성남 산꼭대기 학교에서도, 학구열이 높은 분당에서도 근무했었지만 지역이 어디냐에 상관없이 학업으로 인한 정신적 스트레스와 우울, 심지어 자살을 꿈꾸는 아이들을 많이 만난다. 이런 스트레스는 자신의 가치를 잃어버리고, 자신을 버리는 원인이 되기 때문에 심각하다.

④

[교사 처방전]
번아웃 증후군을 보다

정신과 의사의 강의에서 요즘 점점 나이 어린 환자가 늘어나는데 어릴 때부터 한숨 돌릴 틈도 없이 성적에 대한 높은 기대로 학원을 너무 많이 보내는 것이 그 원인 중 하나라는 이야기를 들었다. 어른들만 걸린다고 생각하는 일명 '화병'은 아이들에게도 나타난다. '애들이 화병은 무슨'이라는 생각이 들겠지만 어른한테 받은 상처로 아프다. 부모나 교사로부터 있는 그대로의 자신으로 받아들여지고 사랑받기보다 100점 맞으면 사랑받고 그렇지 않을 때는 외면받는 조건부적인 사랑이라 느낀다. 잘하지 못하면 사랑받을 자격이 없다고 생각하기 때문에 아이는 늘 불안하고 우울하다. 이 상처를 밖으로 드러내는 아이가 있는 반면 지나치게 조용하게 스스로를 학대하는 아이들도 있다.

상처는 사라지지 않는다. 차곡차곡 쌓아놓으면 무거워서 감정들이 살아나지 못한다. 무감각해지고 무기력해진다. 요즘 학교폭력이 늘어나면서 사회적으로 문제가 많은데, 폭력의 밑바탕에는 이런 우울감이 있다. 우울증은 처음에는 부모나 교사, 그리고 스스로를 공격하다가 나중에는 다른 사람까지 공격하게 만든다.

교사연구년에 북유럽 학교를 탐방했다. 북유럽에 가기 전에 말로만 듣던 행복한 나라에 관한 책을 사서 읽었다. 북유럽 사람들은 행복하다. 그중 가장 행복한 나라는 줄곧 1위를 거둔 덴마크 사람들이었는데 무엇이 그들을 행복하게 만들었을까? 막상 가보니 일상에서 행복을 추구하는 평등한 사회였다. 북유럽 문화인 미니멀 라이프로 간소한 물건과 느리고 단순한 삶을 사는 것, 새것보다는 오래된 것을, 화려한 것보다는 단순한 것을, 자극적인 것보다는 은은한 것을 선호하는 모습이었다. 좋아하는 요리를 하면서 가족들과 친구들과 함께 어울려 즐거운 한때를 보내는 일상에서의 행복을 추구한다. 탐방 중에 만난 아이들은 자신감 있고 해맑게 행복해하는 모습을 보였다. 비교하지 않는 평등사회에서 살아가는 아이들은 저마다의 자존감을 갖고 당당히 학교생활을 한다.

이곳에서는 아이들의 성적을 사생활 영역으로 생각하여 공개하지 않고 좋은 성적을 받았다고 해서 칭찬하지 않는다. 그래서 누가 공부를 잘하는지 아무도 모른다. 분위기가 이러니 성적이 다른 친구들과 비교당하는 도구가 되지 않는다. 오히려 성적이 떨어지면 아이가 이해하여 자신감이 생길 수 있을 때까지 학습할 기회를 마련한다. 성적을 공개하는 것은 비도덕적인 일이라는 가치관이 깔려 있었다. 성적으로 판단하거나 평가받지 않은 아이들은 자신이 무엇을 하고 싶은지 스스로의 흥미와 적성을 들여다보며 앞으로 나아갈 수 있다. 아이들이나 어른이나 누구나 다른 사람들이 가치를 두는 것을 잘하고 싶어 한다. 다른 사람에게 인정받고 싶은 것은 본능이기 때문이다.

이러한 아이들에게 시험성적을 발표하는 것은 아이들의 자존심에 상처를 주게 된다. 한 교사는 "시험을 못 본 것만으로도 속상한데 다른 사람 앞에서 망신까지 당한다면 자존심에 얼마나 상처를 입겠어요?"라고 했다. 나 역시 내 아이를 키우면서 공부를 못하는 아이가 학교에서 어떤 상처를 받는지 볼 수 있었다. 공부 못하는 아이들은 초등부터 고등학교 졸업 때까지 심지어 어른이 되어서도 수많은 상처를 받는다. 아이가 성적이 떨어질 수밖에 없는 이유를 외면한 채 높은 성적을 받은 아이들에게만 집중한다면 나머지 아이들은 패배자라고 자학하며 힘들어할 것이다. 공부 잘하는 아이만 존중받는 경쟁 중심 학교는 아이들을 더 쉽게 상처입힌다. 있는 그대로 받아들이고 그 아이만의 장점을 들여다보는 자세는 그래서 중요하다. 자아존중감을 높이고, 학습동기를 북돋는 일을 찾아주어야 한다.

아이들에게 늘 이야기한다. "너무 힘들면 아무것도 하지 않아도 괜찮아. 가장 중요한 건 네가 아프지 않고 행복해지는 것이고, 그것을 선택하면서 가야 해." 어떤 선택을 할 때 힘들면 선생님이 나서서 어른들을 설득해주겠다고 했다. 네가 원하는 것이 무엇인지를 잘 생각해보라고 축구를 포기해도 다른 것을 시작할 수 있는 나이고, 부모님을 실망시켜도 되며, 너와 안 맞는 친구와 함께 지내지 않고 축구부에서 탈퇴해서 다른 꿈을 꾸어도 된다고. 네가 어떤 선택을 하든 응원하고 그 선택을 향해 갈 수 있도록 도와줄 것이라고. 미국에 있는 어느 대학교 도서관에 '눈물의 벽장'이 마련되었다는 얘기를 들었다. 시험으로 스트레스를 받은 학생들을 위한 공간인데, 벽면은 어두운 벽지로 도배되어 있고 끌어안고 실컷 울 수 있는 인형들이 준비되어 있다고 한다. 나 또한 아이들에게 위안을 줄 수 있도록 침대에 인형을 둔다.

정신건강 수업시간에 아이들에게 스스로의 장점을 적어보라고 하면 한참을 종이만 뚫어지도록 보는 아이들이 많다. 우리는 어릴 때부터 자신의 약점을 찾아 끊임없이 개선해야 한다고 배웠다. 이제 약점이 아니라 장점에 매달리라고 이야기하고 싶다. 이미 잘하는 것을 더 잘할 수 있도록 하면 된다. 누구나 한 가지 직업을 갖고 산다고, 자신이 가장 잘하는 것을 직업으로 갖고 살면 된다고 말이다. 중심을 약점이 아니라 강점에 두라고 이야기하면 아이들의 얼굴에는 미소가 떠오른다.

아이들이 지친 마음과 몸을 쉬게 할 수 있는 첫걸음이다. '공부만 하고 놀지 않으면 바보가 된다'는 속담이 있다. 아이들은 체육활동이나 하이킹, 파티, 몸으로 놀면서 가장 큰 행복감을 느낀다. '5월은 푸르구나. 우리들은 자란다. 오늘은 어린이날 우리들 세상'이라는 노래처럼 아이들이 공부와 시험에서 벗어나 경쟁하지 않고 즐겁게 마음껏 뛰어놀 수 있다면 얼마나 좋을까. 서울 대학 가는 책이 날개 달린 듯 팔리는 현실에서 아이에게 충분히 놀게 하라는 말이 호소력 있게 다가갈 수 있을지 의문이 든다. 무거운 학원 가방을 들고 해가 지기 전까지 거리를 배회해야 하는 아이들을 집으로 돌려보내야 한다.

⑤

"친구들이 저를 좋아하지 않아요"에 담긴 상처

초등학교 2학년 남자아이가 눈물을 가득 매단 채 엄마 손에 이끌려 억지로 보건실로 끌려 들어왔다. 엄마는 "선생님, 우리 진수가 자꾸 배가 아프다고 해요" 하면서 보건실에 온 이유를 말하기 시작했다. "엄마, 집에 가자. 빨리!" 계속 울면서도 아이는 엄마 손을 문 쪽으로 당겼다. 아이는 며칠 전에 전학을 왔는데 배가 아프다고 교실에 안 들어가려고 한다는 것이다. 아이를 안정시키고 아이의 건강 사정을 들으면서 체온, 혈압 등을 측정했으나 정상이었다. 복부를 만져봐도 특별한 증상이 없어서 스트레스성이 의심되었다. 우선 진경제를 먹이고 침대에서 안정을 시켰다. 잠시 자리를 옮겨 엄마와 이야기를 나누었다. 쌍둥이 형제인데, 형은 안 그러는데 동생인 진수는 매번 낯선 곳에 가면 몸이 아프다고 하면서 이번에도 학교에 가지 않겠다고 떼를 쓴다는 것이다. 같은 반으로 전학을 시켰는데도 첫날 다녀오고 나서는 아침마다 학교에 안 가겠다고 실랑이를 벌인다고 했다. 어려서부터 신경이 예민한 아이였고, 낯선 학교에 무섭게 보이는 담임교사를 보고는 더욱 학교에 가기 싫었을 것이다. 학교에 적응해야 하고, 수업은 점점 어려워지고, 새로운 교사나 친구와 관계를 맺는 게 마음대로 되지 않으니 스트레스를 받는다. 학교에 정말 가기 싫고 무서운데 억지로 학교에 와야 하는 아이에게는 그야말로 무서운 경험일 것이다.

아이들은 가정에서 잠자는 시간을 빼면 학교에서 가장 많은 시간을 보낸다. 많은 시간을 보내야 하는 공간인 학교에서 가장 행복할 수도 있지만 그만큼 스트레스도 받는다. 어떤 아이들은 새로운 환경을 호기심과 기대감으로 약간 두려워하면서도 설레며 받아들이지만, 내성적인 아이는 친구에게 어떤 말을 먼저 꺼낼지 연습하기도 하는 등 해마다 새로운 아이들과 새로운 교실, 새로운 선생님이 버겁다. 월요일 아침에 잠에서 깨어나 복통을 호소하다가 오늘 학교에 가지 않아도 된다고 허락하면 복통이 나아지는 경우라면 이런 상황이라고 보면 된다. 정서적, 심리적 원인을 가진 신체 증상 때문에 결석이나 조퇴가 반복된다.

이런 아이들을 상담해보면 친구들이나 교사가 자기를 좋아하지 않는다고 말한다. 주변에서 자신을 알아주지도 않고 인정도 하지 않는 학급 생활은 힘들다. 그 스트레스를 조절하지 못한 아이들은 학교 가기를 무서워하여 등교를 거부하거나 분노, 고독감, 일관성 없는 통증, 학습문제, 과잉공격, 폭행 등을 보인다.

학교환경은 아이들에게 자아존중감을 키워주기보다 열등감과 실패감을 키워 학교생활 부적응을 이끌어낸다. 교사의 차별대우, 심한 간섭 등은 자신감 상실, 우울, 학업성취 좌절 등의 원인이다. 교사의 영향력은 매우 중요하다. '피그말리온 효과'처럼 교사가 자신을 능력 있는 사람으로 기대하고 그렇게 대하면 능력은 향상되고, 반대로 능력이 없는 학생으로 기대하면 성장하지 못한다. 아이들은 교사로부터 좋은 평가를 받게 되면 자신의 능력이나 행동을 더 잘하려고 노력한다.

반면에 성적이 낮거나 행동에 제재를 많이 받은 아이들은 학업성취나 재능에 대해 낮은 평가를 받는다. 학교생활 속에서 오는 거부, 고립, 열등감 등의 바람직하지 못한 반응들은 자신을 쓸모 없고 가치 없는 존재로 생각하게 만들고, 자연스럽게 학교생활에 부정적인 반응을 보이게 만든다. 특히 자존감이 커가는 중요한 시기인 고학년이라면 학업성적에 대한 능력, 자신감, 안정감, 성취감 등을 경험할 수 없게 된다. 자신감이 완성되는 시기는 만 6세부터 12세 사이인 초등학교 시절이기 때문에 그 어느 때보다 중요하다.

또 성적으로 평가받는 학교 분위기에서 성적이 떨어지면 학교문화에서 소외된다. 낮은 성적은 평생의 화두가 되어 낙오자라는 낙인이 찍혀 아이들을 힘들게 하고 있다. 선생님은 공부 잘하는 아이들만 예뻐한다고 생각하게 되며 스스로 많은 스트레스에 시달려 학교생활에 흥미를 잃어버린다. 교사가 그런 낙인을 찍으면 친구들도 덩달아 함부로 대한다. 아이들은 부모뿐만 아니라 함께 지내는 교사, 친구에게도 많은 영향을 받는다. '친구 따라 강남 간다'는 말이 나올 정도로 학년이 올라갈수록 친구에 대한 의존도는 높아진다. 친구의 영향으로 언제든지 자신의 길이 바뀔 수 있다. 친구들과 함께 있는 집단 문화는 예상치 못하는 문제를 일으키기도 한다. 친구로부터의 압력이나 배신, 왕따, 학교폭력 등이 큰 상처가 되어 잘못된 길을 가는 경우가 많다. 따돌림을 당하거나 고립된 아이들은 남과 잘 어울리지 못하거나 의사 표시를 잘 못하고 스스로의 권리를 찾지 못하는 성향이 있고 쉽게 우울감에 빠져 학교생활에 부적응적이다. 가족 안에서 자라는 것뿐만 아니라 친구들 속에서도 자라기 때문이다.

친구관계는 학교부적응에 가장 큰 영향을 미친다. 또래관계에서의 만족도는 학생들의 애착 정도를 결정하는 중요한 원인이기도 하다. 학교생활에서의 친밀과 정서적 지지 등 긍정적인 관계는 매우 중요하다. 긍정적인 관계는 스트레스 대처에 효과를 보였고, 반대로 부정적 관계는 학교생활에서의 활동량이 낮아지고 소극적으로 움츠러들거나 소외감으로 일탈행동을 하게 만든다. 또래관계에서 밀려나는 아이들은 공격적 행동을 보이기 쉽고 등교거부 등 심한 우울증으로 자살에까지 이를 수 있다. 내 아이는 아닐 거라고 믿고 싶겠지만 안타까운 일은 누구에게나 생길 수 있다.

⑥

[교사 처방전]
인정의 욕구를 표현하다

누군들 공부를 잘하고 싶지 않을까? 누군들 칭찬받고 싶지 않을까? 누구나 비난이나 질책보다 칭찬받고 인정받고 싶어 한다. 인간이라면 누구나 훌륭하게 성장하고 싶은 욕구가 있기 때문이다. 보건실에 오는 아이가 있었다. 아이는 시키지 않아도 뭐든 도와주려고 했다. 담임교사에게 그 아이가 보건실에 자주 온다고 하면서 어떤 아이인지 물어보았더니 내가 보았던 아이와 달리 말도 안 듣고 고집도 세다는 부정적인 평가를 했다.

아이는 인정받고 싶었던 것이다. 인정받는 아이는 순하다. 아이들은 자기를 믿고 사랑하는 사람에게만 자신의 참모습을 드러낸다. 내가 아이를 진정으로 사랑할 수 없는 것은 내 문제일 뿐 사랑받는다고 느끼는 아이들은 결코 배신하지 않기 때문이다. 교사는 아이의 마음을 잘 이해하려고 노력하고, 대화를 통해 가족이나 친구 등 아이가 힘들어하는 일에 관심을 가져야 한다. 새로운 학교, 새로운 교사, 새로운 친구 등 아이들은 매 학년이 올라갈 때마다 새로운 환경에 적응하면서 성장한다. 몸이 아프다는 것은 그 불편한 상황을 회피하는 것이다. 차츰 환경과 사람에 적응할 수 있는 시간이 필요하다. 아이가 불안해하는 요소가 무엇인지 어떻게 해결해줄 수 있을 것인지 꾸준한 관심을 가져야 한다.

아이를 걱정하는 엄마에게 차츰 적응해야 하니 아이가 또 아프다고 하면 보건실로 보내라고 하고 돌려보냈다. 그 후 아이는 자주 보건실에 왔다. 때론 교실에 갔다가 1교시가 끝나기도 전에 다시 왔다. 괜찮다고 말해준 후 아이가 쉬는시간에 다른 아이들과 어울려 놀 수 있도록 배려했다. 점차 아이들과 친해지고 적응하는 모습을 확인하고는 이제 교실에 가는 게 좋겠다고 했더니 아이는 내가 자신을 외면한다고 생각했는지 서운해했다. "선생님도 네가 너무 보고 싶을 거야. 그러니까 친구들과도 함께 놀다가 참지 못할 정도로 또 힘들어지면 다시 오면 되지 않을까?" 하며 차츰 보건실에 오는 횟수를 줄일 수 있도록 도와주었다. 아이에게 의젓하게 아픈 것을 참은 것에 대해 격려하고 칭찬하자 자랑스러워 하며 차츰 적응해나갔다. 교실로부터 친구들로부터 회피의 수단으로 보건실에 오는 횟수가 줄어들었다. 아이가 정상적으로 교우관계를 회복하고 공동체 생활에 적응하는 과정이다. 혼자 설 수 있는 힘이 부족하거나 사랑이 부족한 결손가정의 아이들, 부모로부터 사랑받지 못하고 평가만 받는 아이들에게는 보건실에 올 때 꾀병 핑계를 대지 말고 선생님 보고 싶으면 와도 되니까 그냥 오라고 한다. 에너지가 바닥난 아이들에게 에너지를 채워 다시 교실에 적응할 수 있도록 도와주기 위해서다.

주변 아이들은 잘 적응하고 잘만 지내는데 내 아이가 매일 여기저기 아프다고 떼를 쓰면서 학교 가기 싫다고 징징대면 유별나다고 생각할 수 있다. 그저 아이들이 아파하고 있는 것일 뿐이다. 아이들은 지쳐가고 있다. 아이의 행동을 나무라기보다 아이의 말을 들어주며 적극적으로 아이의 감정을 표현할 수 있도록 도와주어야 한다. 이런 모습을 볼 때마다 마음이 아프다. 내가 무엇을 해줄 수 있을까? 한 아이의 상황을 이해하는 것에서 모든 일이 시작된다. 교사와 아이의 친밀도는 매우 중요하다. 특히 가정에서 자유롭게 큰 아이의 경우 경직된 교사 분위기에 잘 적응하지 못한다. 교사와 아이의 관계는 아이 자신에 대한 올바른 정체성과 건전한 인성발달에도 많은 영향을 끼친다. 사람들 간의 친밀도는 중요하지만 그중 교사와 아이와의 관계는 특히 중요하다. 아이에게 좋은 기억은 심리적 면역체계다. 아이에게 학교가 어떤 기억으로 남느냐에 따라 아이 인생의 온도가 달라진다. 세상을 바라보는 온도 또한 달라진다. 아이에게 보내는 따뜻한 눈길이 아이를 건강하게 만드는 첫걸음이자 끝인 이유다.

학부모가 알아야 할 것도 있다. 교실에 적응하려면 아이가 학교에 가지 않겠다고 해도 어쨌든 학교에 보내도록 해야 한다. 학교를 정상적으로 다니는 게 중요하다. 학교를 가지 않게 되면 학습문제가 생기고 친구와 더 멀어져 학교를 더 가지 않으려 하는 악순환이 생긴다. 아침에 아이가 아프다고 하면 소아과에 데려가 진찰받게 하고 특별한 이상이 없다면 늦게라도 학교에 데려가자. 아이는 자신이 교사와 친구로부터 인정받았다고 생각할 수 있을 때 마음의 문을 열며 행복한 학교생활을 할 수 있다. 교사나 친구들에게 긍정적인 감정을 가진 아이는 인사는 물론 대화를 주저하지 않을 뿐만 아니라 다음 학년에 헤어짐을 아쉬워하게 된다.

한 인간이 나로서 살게 하는 것을 가르쳐야 하는데 사회와 명분이 개인을 조직의 부속으로 키우다 보니 아이들의 삶이 힘겹다. 한 교사의 시선이 자존감을 피우는 시작이라는 점을 잊지 말자. 아이들에게 각 아이만의 색깔이 있다는 것을 찾아줄 수 있어야 한다. 일상의 사소한 대화나 작은 시선까지도 아이들의 회복과 치유에 도움이 된다.

⑦

"병원에 갔는데 아무 이상이 없대요"에 나타난 질병

1교시가 끝날 즈음 3학년 여학생이 배가 아프다고 찾아왔다. 통증을 호소했고 얼굴은 창백하고 식은땀을 흘렸다. 체한 듯하여 소화제를 먹이고 1시간 정도 안정을 취했다. 괜찮아져 교실로 올려 보냈는데 1시간 뒤에 다시 배가 아프다면서 엉엉 울기 시작했다. 우상복부에 심한 통증을 호소했고 아침으로 김밥을 먹었다고 하여 첫째 손가락과 둘째 손가락 사이를 지압해보았으나 별무소용이라 더 이상의 약물은 복용시키지 않고 침대에서 안정을 취하게 했다. 그러는 동안 혈압은 120/80, 맥박은 빠르고 얕은 맥박으로 100회 이상이었고, 호흡은 빠르고 얕은 호흡으로 30회 이상을 내뱉고 있었다. 10여 분이 지나자 식은땀을 비오듯 흘리며 더 창백해지고 배를 움켜쥐고는 신음소리를 내며 침대 위를 마구 굴렀다. 통증이 심하여 위경련이 온 것 같았다. 보건실 복도까지 들릴 정도로 엉엉 크게 울었다. 맥박이 약하고 호흡이 매우 가냘프게 약해지는 걸

보니 '페인쇼크 pain shock' 같아서 바로 아이를 들쳐업고 병원으로 갔다.

인근 병원 내과에 가서 검사를 했다. 검사하는 동안 엄마가 병원에 왔고 아이의 증상에 별 대수롭지 않다는 표정을 지었다. 어렸을 때부터 자기 맘대로 안 되면 이렇게 넘어간다며 "애가 원래 이래요" 하면서 또 꾀병을 부린다고 생각하는 듯했다. 진단은 장중첩이었다. 흔히 장이 꼬인다고 하는 병이다. 꼬인 장은 가급적 빠른 시간 안에 풀어주는 것이 중요한데 빨리 조치를 취하지 않으면 장이 썩을 수도 있어 생명까지 위험해진다. 가벼운 경우에는 24시간 내에 저절로 나아지기도 하는데, 대부분 꼬인 지 24시간 내에는 단순한 처치로 치료가 가능하다. 아이의 통증이 심해서 엑스레이 투시하에 수압을 이용한 바륨 주입법을 이용하여 꼬인 장을 풀어주는 치료를 했다. 의사의 진단에 놀랐는지 엄마는 아이에게 귀를 기울이고 안아주고 이해하는 자세를 보여주었다. 신경성인 경우 자기가 갖고 있는 '화'가 풀어지면 자연히 증상도 없어진다는 말을 듣긴 했었지만 눈앞에서 죽을 듯이 아프다가 거짓말처럼 증상이 사라지는 것을 실제로 볼 줄은 몰랐다. 스트레스로 인한 두통이나 복통이 원인인 경우에도 진짜 신체적으로 고통이 온다. 이 엄마처럼 매번 아프다고 하는 아이들에게 양치기 소년처럼 아프지도 않은데 아픈 척 거짓말 한다고 생각하면 안 된다.

한번은 갑자기 6학년 여자아이가 숨을 쉴 수가 없다면서 얼굴이 하얗게 질려 보건실을 찾았다. 일회용 산소 호흡기를 입에 대고 급하게 응급실로 갔는데 호흡과 관련된 모든 검사를 해도 아무 이상이 없다는 진단이 나왔다. 발레를 하는 아이였는데 발레 테스트를 앞두고 심한 스트레스를 받았는지 숨을 쉴 수 없었던 것이다. “대회에 나가는 것이 너무나 겁나고 무서워요.” 이런 말을 하면 엄마가 실망할 것 같아서 차마 말할 수 없었다고 한다. 대회도 싫고 엄마를 설득하는 것도 힘든 아이는 통증으로 마음을 표현했던 것이다. 지시나 체벌 등 권위적인 부모로부터 자란 아이들에게서 많이 나타나는 증상이다. 어릴 때는 힘이 있는 부모에게 반항하지 못한 채 감정을 억눌러 내부에 쌓아두었다가 도를 넘으면 가벼운 증상부터 시작해 점차적으로 큰병이 된다. 예전과 달리 요즘 아이들의 사춘기는 유난스럽다고 하는 이유가 이것이다. 사춘기가 되면서 쌓여 있던 감정이 한꺼번에 터지며 속칭 중2병이 되는 것이다. 자기 표현의 다른 모습으로 보면 맞다. 평소 정서표현이 적다는 사실 자체가 병리적인 현상이 아니라 정서를 표현하고자 하는 욕구를 능동적으로 억제하는 경우 즉 정서표현에 대해 갈등하는 경우 건강에 치명적인 영향을 준다. 또 정신적인 충격이 심한 생활사건에 대해 다른 사람에게 털어놓고자 하는 욕구를 억제한 사람은 이후 건강에 더 많은 문제가 나타난다.

자기 감정을 밖으로 표현해야 한다. 좋은 감정이든 나쁜 감정이든 상관없으며 표현 양식 또한 표정, 말, 몸짓 등 다양할 수 있다. 기본적으로 신경생리학적 변화를 수반하기 때문에 감정표현을 억누르는 것은 자율신경계의 활동을 증가시키고, 자율신경계의 만성적인 각성상태는 심리적, 신체적 질환과 연결된다. 따라서 감정표현을 참는 것은 심리적 부적응뿐만 아니라 다양한 신체적 질병과 관련이 있다. 이러한 감정표현을 잘 다루지 못했을 때 심장이나 암 등의 병으로 진행된다. 부정적인 감정을 표현하지 않으면 더 심각해진다. 보건실에 팔이 다쳐서 온 6학년 남자아이가 있었다. 팔에 커터칼로 그어진 흉터가 있는 아이였다. 무슨 흉터냐고 물었더니 아무 표정 없이 덤덤하게 "그냥 심심해서 하는 장난이에요"라며 옷을 내렸다. 담임교사와 상담을 했더니 친구들과도 안 어울리고 감정을 잘 표현하지 않는다고 했다.

감정은 실체다. 그것은 반드시 몸으로 나타난다. 억압된 욕구와 자신의 감정을 표현하는 가장 확실한 방법은 통증이다. 예를 들어 공부하기 싫으면 배가 아프다. 몸과 마음이 미숙하고 잘 분화되지 않은 아이들은 우울, 불안, 분노 등의 부정적인 감정을 몸으로 표현한다. 예민한 성향이거나 의존적이거나 타인 지향적인 아이들의 경우 친구나 가족과의 관계에서 더 큰 영향을 받는다. 그러나 이러한 신체증상은 자신의 기대를 성취하려는 수단이 되기도 한다. 신체를 이용해 상대를 자기 마음대로 조정하고자 하는 경우도 있다.

8

[교사 처방전]
신체화 증상을 의심하다

아이들이 일상생활에서 지나치게 압박을 받으면 현실에서 도망치기 위해 의식적이거나 혹은 무의식적으로 신체적인 병을 호소한다. 자신이 겪고 있는 어려움을 주변 사람에게 알려 도움을 받을 수도 없고, 아이 스스로도 자기가 어디가 아픈지도 모른 채 모든 불안이 몸으로 전해져 통증을 일으킨다.

심리 역동적 기능으로 보면 부정적인 정서를 불안으로 보고, 부정적인 정서가 신체증상에 영향을 미친다고 본다. 이런 경우라면 아이의 우울증을 의심해봐야 한다. 예전에는 아이에게 우울증이 있다고 하면 믿지 않았었다. 꾀병으로 치부했을 뿐이다. 하지만 아이들도 어른처럼 우울증이 있다. 너무 어린 나이부터 성적이나 학업으로 내몰려 스트레스가 많다. 아이들의 우울증은 어른과는 약간 다른 증상을 보인다. '우울하다'는 표현보다는 잦은 짜증, 거짓말의 반복, 배나 머리가 아프고 어지럽다 등의 신체적인 통증을 호소하며, 더 나아가서 학교 가기 싫다거나 공부하기 싫다처럼 아무것에도 의욕을 보이지 않는 무기력으로 나타날 수 있다. 잘 지낸다고 생각했던 아이가 갑자기 이런 증상이 나타난다면 단순히 공부하기 싫어서 꾀병을 부리거나 말썽을 피운다고 생각하지 말고 스트레스로 우울증이 생긴 것은 아닌지 유심히 살펴보아야 한다.

특별한 외상 및 질병으로 인한 징후 없이 '약을 먹어도 효과가 나타나지 않는' 상태인 아이들이 보건실을 이용한 경험은 30% 정도다. 이 중 반은 머리가 아프거나 어지럽다는 증상과 배가 아프다는 등의 신체적인 불편함을 호소했다. 신체적으로 아프지 않은데도 마음의 갈등에 의해 나타나는 증상을 '신체화 증상'이라고 한다. 대개 여러 가지 증상이 함께 나타나고, 또는 한 가지 증상이 없어지면 곧이어 또 다른 증상이 나타나는 경우도 있다. 어른들이 보기엔 '꾀병'이지만 아이는 정말로 아프고 괴롭다. 마음이 아프면 그 아픈 증상을 말로 표현하지 못하고 신체를 통해 나타내는 것은 갈등에 대한 미성숙한 방어기제 중 하나라고 할 수 있다. 어른 역시 우울하거나 불안하면 절반 이상이 처음에는 심리 증상보다 신체 증상이 먼저 나타난다.

신체화는 1~2학년 정도의 저학년에서는 성별과 상관없이 나타나는데, 고학년으로 올라가면서 남자아이보다는 여자아이에게서 많이 일어나며 증상 또한 다양해진다. 40~50대에 많이 일어나는 화병도 마찬가지다. 꾀병에는 두 가지가 있고, 그 구분은 매우 중요하다. 뭐가 하기 싫어서 아프지도 않은데 거짓말로 아프다고 하는 '가짜 꾀병'과 몸이 진짜로 아픈 '진짜 꾀병'이다. 어른들도 아파서 병원에 갔는데 아무런 증상이 없다고 하면 고쳐줄 명의를 찾아 이곳저곳 병원을 전전하게 만드는 것이 화병이다. 스트레스가 심하면 몸만 긴장하는 것이 아니라 마음도 긴장하게 된다. 화병은 억울하고 분한 마음, 오랜 세월 장기적으로 받은 스트레스를 풀지 못한 채 살다가 나이가 들어 화를 억제하지 못하면 불처럼 폭발하는 병이다.

신체화 증상에는 다양한 근육통, 두통, 과민성 대장염으로 잦은 화장실 들락거림, 비궤양성 위궤양, 소화불량, 만성피로, 현기증, 숨가쁨, 건강염려증 등이 있다. 뚜렷한 질병의 원인 없이 심리적 문제 및 스트레스에 기인하는 경우가 많다. 아이들에게서도 이런 증상이 많이 나타난다. '머리가 아프다, 어지럽거나 현기증이 난다, 심장이 아프다, 근육통 또는 신경통이 있다, 허리가 아프다, 구역질이 나거나 토한다, 숨쉬기가 거북하다, 목이 화끈거리거나 차가울 때가 있다, 몸의 일부가 저리거나 찌릿찌릿할 때가 있다, 목에 무슨 덩어리가 걸린 것 같다, 몸의 어느 부위가 힘이 없다, 팔다리가 묵직하다' 등으로 표현한다. 어떤 아이들은 하루에 4~5번 올 때마다 증상이 바뀌어 "여기 아파요. 저기 아파요" 한다. 아이들은 어릴수록 자기의 마음을 언어로 표현하는 것이 어렵다. 자신의 감정 상태와 신체감각을 잘 구분하지 못하여 자신이 느끼는 감정에 대해 잘 알지 못하고 이를 표현하지 못하는데 이것이 신체적 질병으로 나타난다.

발령 초기에는 신체화 증상을 제대로 이해하지 못하고 하루도 빠지지 않고 오는 아이들 때문에 스트레스를 받아서 사무적으로 대하기도 했었다. 상담해보면 아이들은 몸 구석구석에서 아픔을 느끼고 있었다. 학부모도 교사도 처음에는 꾀병이라고 생각한다. 계속되는 아이의 행동에 혹시나 싶어 내과나 소아과를 찾지만 그때뿐이고 병원에서는 다 괜찮다는데 계속되는 호소에 외면하게 된다. 배가 아프다는 아이들은 물어보면 소화제나 위산 중화제 같은 것을 달고 산다. 마음이 아픈 것이 배로 전해지는 것이다. 소화제가 아니라 마음을 고쳐야 낫는데 단순히 아이가 보여주는 증상만 보고 약으로 치료하려 하니 계속 반복된다.

이런 아이들은 친구들과 쉽게 어울리지 못하고 겉돈다. 교사와의 관계에서 자기만 봐주기를 바라거나 쉽게 상처받는 등 만족도가 낮고, 학교규칙에 잘 적응하지 못하는 경향이 있다. 또 부모와의 문제, 학교 성적과 친구문제 등으로 스트레스가 높은 아이들에게 많이 나타나며 때론 왕따인 경우도 볼 수 있다. 부적절한 사회적 관계 형성을 경험한 경우가 많아서 자신을 판단하지 않고 따뜻하게 받아주는 보건교사에게 의지하는 경향을 보인다. 이렇게 자주 아픔을 호소하는 아이들에게는 더욱 세심한 관심과 사랑이 필요하다. 이와 함께 스트레스 및 스트레스를 다루는 방법, 자아회복 탄력성, 자존감 등 마음의 힘을 키우는 데 초점을 맞추어 학교생활에 적응할 수 있도록 도와주어야 한다.

9

"너 손톱 맛있게 먹는구나!"에 들어 있는 아이들의 불안

손톱이 문드러져 오는 아이들이 있다. 밴드를 붙여주다가 가끔 손톱을 물어뜯어 짓이겨진 손을 보게 된다. "손톱 맛있나 보네" 하면 아이는 그것 때문에 많이 혼났는지 이내 손을 뒤로 감춘다. 손톱깍이로 살이 보일 정도로 깍는 아이도 있다. 손톱뿐만 아니라 입술도 자꾸 뜯어서 피가 난다. 불안하거나 원하는 것이 충족되지 않을 때 자기도 모르는 사이

에 손톱을 물어뜯으며 자신의 마음을 행동으로 드러내는 것이다. 그 감정을 외면하게 되면 불만이 행동으로 나타난다. 아이들의 감정은 종종 제대로 표현되지 않기 때문에 잘 알고 싶다면 아이의 행동을 오래 살펴보아야 한다.

학기 초에 6학년 학생이 보건실에 들어오면서 “죽고 싶어요. 약을 먹을 거예요” 한다. 그 아이는 한두 군데 다치거나 다리를 삐는 등 다양한 증상으로 평상시에도 거의 매일 왔다. 어느 날은 팔을 다쳐서 옷을 걷어 올리자 자해했던 흉터라면서 숨기지 않고 보여주었다. 아이에게 상담이 필요할 듯해서 부모에게 전했으나 아무 이상이 없다며 대화를 거부했고, 오히려 담임이나 보건교사가 아이를 이상하게 본다면서 공격했다. 감정을 잘 드러내지 않는 내성적인 아이는 자신을 향해 폭력을 휘두른다. 한 고등학교 보건교사와 이야기하다가 중고등학교에 자해하는 아이들이 많다는 이야기를 들었다. 초등학교에서는 고학년이 되면서 아이들의 손목에 작은 상처들을 볼 때가 있다. 자해하는 아이들을 보면 공부도 잘하고 집안형편도 좋고 평소 문제가 없어 보인다는 특징이 있다. 아이들은 부모나 교사로부터 주변의 압박감과 억압을 해소하기 위해 숨구멍을 내듯이 자신의 손목을 긋는다. 우울증이 있으면 다른 아이들보다 4배 더 많이 자살충동을 느낀다.

영화 〈인사이드 아웃〉의 주인공 라일리는 아빠의 직장을 따라 새로운 곳으로 이사를 오면서 혼란스러운 마음이 되었다. 익숙한 것으로부터의 결별과 새로운 환경이 불안하고, 우울하고, 슬프고, 화도 난다. 어른들도 환경이 변하면 힘들어하는데 아이들은 더하다. 우리 안에는 수

많은 감정들이 있다. 공부나 성적으로 스트레스를 받거나, 너무 힘들다고 느끼거나, 식구들과 함께 맛있는 것을 먹으면서 좋은 느낌을 갖는 등 매일의 일상에서 받는 주변의 자극은 수많은 감정으로 이어진다. 그 안에는 기쁨뿐만 아니라 슬픔, 분노, 까칠, 소심, 버럭 등 다양한 감정이 있다. 영화에서는 5가지 감정으로 표현되었지만 사실 우리의 감정은 세밀해서 수치심, 동정 등 수많은 감정을 느끼면서 살아간다. 다양한 감정을 느끼고, 그 감정과 생각, 경험들이 쌓이면서 나를 이루게 된다.

우리는 살아오면서 감정을 억제당했고 참아야 한다고 들었다. 심지어 아이들의 감정은 무시되거나 간과되기도 한다. "어린것이 뭘 안다고!" 하며 감정이나 생각을 묻기보다 억눌렀다. 그러나 경험을 바탕으로 느낌은 감정의 중요한 일부가 되고 아이들의 인격이 만들어진다는 것을 잊지 말자. 누구나 행복하고 싶기 때문에 당연히 기쁨이 좋은 것이고, 기쁨만을 남기기 위해 그 외의 슬픔이나 아픔 등의 감정을 최대한 배제하려고 한다. 동시에 슬픔은 나쁜 것이라고 생각한다.

다양한 감정을 인정하지 않고 슬프거나 화나는 감정을 외면하고 기쁜 감정만을 가지려고 하면 자신의 마음을 몰라서 고통스러워진다. 사람들이 힘든 것은 자신의 감정을 알지 못하는 데서 시작한다. 자신의 마음과 감정을 모를 때 고통이 생긴다. 감정은 하루에도 수없이 롤러코스터처럼 생겼다가 사라진다. 아이들은 슬픔을 멀리하려고 한다. 슬픔은 원래 없었다는 듯이 행동한다. 영화 속 버럭이와 까칠이, 소심이도 모두 슬픔의 한 표현이다. 감정이 행동으로 표현되기 때문이다. 슬픔을 해결하려면 먼저 슬픈 감정을 직면하고 바라보아야 한다.

10

[교사 처방전] 감정의 억압을 표출하게 하라

서울시에서 최근에 발표한 '서울 100세인 연구'에 따르면 90세 이상 노인 중 남성 72%, 여성 51.6%가 '평소에 감정표현을 잘 한다'고 답했다. 연구결과 부정적인 감정을 표현하는 것을 잘 하지 못하는 사람은 이유 없이 두통이나 근육통, 소화불량 같은 문제가 생기는 신체화 증상이 있다고 한다. 또한 한 대학의 간호교육학 연구에서도 감정표현 능력이 좋을수록 소화기계 증상인 소화불량, 설사, 변비 등이 적다는 결과가 나왔다. 그러니 감정을 솔직하게 표현하는 방법을 익힐 필요가 있다. 그래야 스트레스가 쌓이지 않고 건강하게 생활할 수 있을 테니 말이다.

어떤 아이는 자신이 느끼는 감정을 느끼는 대로 이야기하는 반면 자신의 감정에 대해 무감각한 아이도 있다. 기쁜 일이 있어도 슬픈 일이 있어도 감정의 폭이 크지 않다. 감정을 폭발하듯이 터뜨리는 아이가 있는가 하면 자신의 감정을 지나치게 통제하고 억누르는 아이도 있다. 감정을 주체하지 못하고 내뱉은 말이나 행동이 후회를 부르기도 하지만 자신의 감정을 억누르는 것 또한 그에 못지 않게 위험하다. 지나치게 감정을 절제하는 아이들을 보면 우울증이나 충동조절장애 같은 정신적인 문제를 일으킬 수도 있다. 특히 깊은 절망감, 분노나 원망 같은 감정을 드러내지 못하는 사람들은 자신의 감정을 잘 표현하는 사람들에 비해 암이 더 잘 생긴다는 연구 결과도 있다. 감정을 숨기면 면역체계와 호르몬 분비에 이상을 일으켜 몸에 나쁜 영향을 준다고 한다.

슬픔은 힘들거나 지칠 때, 외롭거나 화가 나는 등 더 이상 이 상태로 버틸 수 없다는 신호다. 힘들다고, 도와달라고, 편안하게 숨을 쉬고 싶다는 신호이기도 하다. 이러한 감정은 자신에게 보내는 일종의 구조 신호라고 봐야 한다. 슬픔이 없으면 문제 해결도 없다. 아이들을 슬픔으로부터 구조해주어야 한다. 그러려면 아이들이 슬픔을 받아들이고 슬퍼할 수 있도록 해줘야 한다. 그럴 수 있는 시간과 공간을 줘야 한다. 감정이 하나일 수 없으며 하나의 기억 안에는 여러 감정이 뒤섞여 있듯이 여러 감정을 통해서 아이들이 점점 성숙해질 수 있도록 해주어야 한다. 자신의 감정을 적절하고 올바른 방법으로 표현하고 드러내는 것은 나 자신과의 소통뿐만 아니라 다른 사람과 소통하는 길이며 나아가서 세상과 소통하는 시작점이다.

교육학자인 스탠퍼드 대학의 제임스 그로스와 텍사스 대학의 제인 리처드는 실험을 했다. 피실험자들에게 황당한 영화를 보여주고는 한쪽 사람들에게는 감정을 억누르라고 했고, 다른 한쪽 사람들에게는 특별한 지시를 내린다. 그리고 영화가 끝난 후 사람들에게 영화의 내용을 묻는 기억력 테스트를 실시한 결과 감정을 누른 사람들은 특별한 지시를 받은 사람들보다 영화에 대해 거의 기억을 하지 못했다. 자신이 속상한 감정, 화난 감정을 무조건 억누르고 무시하려고 하면 할수록 그 감정을 없애는 데 모든 신경을 쓰기 때문에 정작 기억해야 할 것들을 놓친다. 이로 인해 자신을 성장시키고 개발하기 위해 필요한 일들을 제대로 하지 못하게 되는 것이다. 어른들도 집안에 무슨 일이 있으면 일에 집중하기 힘들다. 마찬가지로 아이들도 마음이 심란하면 학업에 집중할 수가 없다.

> "우리는 힘들거나 슬플 때 스트레스 호르몬이 눈물에 씻겨 나간다. 슬플 때 울지 않으면 다른 장기가 대신 운다."
>
> – 영국 정신과 의사, 헨리 모슬리

아이들은 통증으로 아파서 울기도 하고 무서워서 울기도 하지만 마음이 아파서 자신을 몰라주어 억울하고 서운해도 펑펑 운다. 아이들은 여러 가지 이유로 자신의 감정을 말로 표현하기보다는 아프다며 몸의 통증으로 표현하는 경우가 더 많다. 심해지면 자해 행동이나 폭력 등의 문제행동으로 표출된다. 다양한 아픔을 호소하는 아동들은 마음의 병을 가지고 있다고 봐야 한다.

아이들은 자신의 어떤 행동이나 사고방식이 꾸중을 들을지 칭찬을 들을지 어른들의 반응을 관찰하고 있다. 닭똥 같은 눈물을 그렁그렁 뚝뚝 떨어뜨리며 아이가 울 때는 마음껏 울 수 있도록 화장지를 주고 옆에서 어깨를 가볍게 안아주고 기다려주면 된다. 아이는 실컷 울고 마음이 후련해져야 이야기를 시작한다. 고학년의 어른스러운 아이는 자신의 감정을 드러내는 것이 민망했는지, 아니면 울면서 자신의 생각을 정리했는지 자신의 감정을 드러내지 않고 그냥 가기도 한다. 어릴 때부터 어려운 가정형편으로 내가 원하는 것, 내가 느끼는 감정을 드러내기보다 스스로 해결해야 했던 나였기에 그런 아이를 볼 때면 내 어린 시절을 보는 듯하다. 주변의 따뜻한 관심과 사랑이 아이가 자신의 닫힌 문을 열고 감정을 표현할 수 있도록 도울 수 있다. 말하고 싶은 것을 말할 수 없는 아이로 만들면 그 감정은 상처가 되어 곪는다.

아이들에게 자신을 속일 필요는 없으며 '나는 문제없어. 나는 괜찮아'라고 할 게 아니라 '나는 지금 문제가 있어서 아파. 그러니 내 이야기 좀 들어줘' 하고 사실을 털어놓을 수 있도록 해야 한다. 아이들이 감정을 툭 하고 털어놓았을 때 짊어진 짐을 내려놓게 되고, 결과적으로는 더 긍정적인 시너지 효과가 날 수 있다. 감정을 억제하면 나중에는 표현하려 해도 할 수 없는 '감정표현 불능증'이 될 수도 있다. 감정표현에 약하거나 창피함을 느끼는 사람이라면 어떤 식으로든 표현할 수 있도록 해주어야 한다. 처음에는 간단히 '좋아, 싫어' 같은 짧은 단어로 이야기할 수 있도록 하자. 그렇게 시작하다 보면 차츰 자신의 감정을 잘 표현할 수 있게 될 것이다.

11

"재는 왜 저러니?"라는 말을 듣는 아이들의 환경

사춘기가 오고 있는지 껄렁한 5학년 남자아이와 학교가 전쟁 중이었다. 그 아이는 싸움을 걸기 위해 학교에 오는 듯 눈에 띄는 아이마다 때리고 싸움을 걸고 생전 듣도 보도 못한 욕을 했다. 담임도 무서워하지 않았고 잔뜩 독기를 품고 내질렀다. 새로 온 담임은 "재는 왜 저러니?" 하며 지도할 엄두를 내지 못했고, 교감 선생님이 어머니에게 전화해 학교에 한 번 오시라 했는데도 한 달이 넘도록 찾아오지 않는다며 한숨을 내쉬었다. 나중에 학교 주무관님이 "그 아이 엄마 요이땅했어"라는 말을 했다. 초임이라 그 소리를 알아듣지 못한 내가 멍하게 있었는지 "도망갔다고"라고 다시 설명해주었다. 그 말을 듣는 순간 아이가 안쓰러웠다. 당시만 해도 작은 학교라 상담 선생님도 따로 없었고 엄마가 떠난 게 가여워서 교감 선생님과 담임교사에게 상의 후 아이와 시간을 갖기로 했다. 그때는 어떻게 접근해야 하는지에 대해 공부한 상태도 아니었다. 엄마가 떠나니 화가 나서 어쩌지를 못하는구나 싶어서 그냥 침대에서 재워주고 깨어나면 말을 들어주고 밥은 먹었는지 물어봐주고 냉장고에서 시원한 얼음 가득 넣어 음료를 타주는 정도였다. 언젠가는 아이가 마음의 문을 열고 세상과 화해하기를 기다리는 게 다였다.

사고라는 사고를 다 치고 다니는 아이여서 미웠지만 아이가 처해 있는 환경을 알게 되니 다소나마 그 마음이 이해되었다. 사실 아이가 보여주는 나쁜 행동을 보면 쉽지 않다. 친구들을 놀리거나 때리거나 도둑질 등 문제행동을 일으키는 아이들을 볼 때면 도저히 이해할 수 없다고 생각한다. 머릿속에 뭐가 들었는지 모르겠다는 말이 절로 나온다. 그도 그럴 것이 교사들은 대부분 공부 잘하고 모범생으로 평생을 살아왔기 때문이다. 한 교사는 자기 자식을 낳고 나서야 아이들이 자기 뜻대로 되지 않는다는 것을 배웠다는 말을 했다. 아이들을 잘 안다고 생각했지만 아이를 아는 것과 이해하는 것은 다르다는 것을 알게 되었다. 머리로는 이해가 되는데 마음으로는 이해가 되지 않는 상황이다. 아이를 머리로도 감정적으로 알고 행동하는 것이 진짜 이해다.

어쩌면 아이들이 보여주는 나쁜 행동들이 그 아이가 세상을 살아내는 방법일지 모른다. 포기하지 말고 꾸준히 지켜보면 자기의 길을 찾으리라는 희망을 갖고 있다. 무조건 믿어주고 공감해주는 한 사람만 있으면 어떠한 역경이 닥쳐도 반듯하게 살 수 있다는 말이 있지 않은가. 그런 신뢰와 지지를 받아보지 못한 아이는 자신의 아픔을 공감받지 못했듯이 타인의 아픔 역시 공감하지 못한다. 그런 한 사람의 역할을 누구라도 해야 한다고 생각한다. 아이가 바로 달라지지는 않겠지만 잠시만이라도 그 아이에게 평화로운 시간을 줄 수 있다면 그것으로 족하다는 생각이 들었다. 그런 시간이 더 많아질수록 그 아이의 화는 작아질 테니까. 생명을 죽이는 행동에는 매우 강렬한 분노 에너지가 필요하다. 모기나 바퀴벌레 등을 죽이는 데도 분노 에너지가 사용되는데 특히 상대가 사람일 경우 엄청난 에너지가 필요하다고 한다. 아이들은 분노를 표현했다. 다른 사람을 해하면서 자신을 해하면서 분노를 표출했다. 아이들의 분노를 없앨 수는 없을까? 아이들의 삶이 분노보다는 따뜻한 사랑에 더 많이 노출되었을 때 아이들은 성장할 수 있다.

⑫

[교사 처방전]
아이들의 주변을 이해하라

아이들은 다양한 환경에서 생각지도 못할 상처를 갖고 있다. 가정학대, 부모의 이혼, 성폭력, 과보호, 방임 등 아이들은 상처를 행동으로 표현한다. 사랑받지 못하는 것은 슬프다. 그러나 "사랑할 수 없는 것은 훨씬 더 슬프다"는 M.D.라이크의 말처럼 사랑받지도 사랑하지도 못하는 아이들은 허전함과 공허함에 세상을 향해 자신의 존재를 알리기 위해 외친다. 아이들이 현실세계에서 이루지 못하는 위로는 게임이나 스마트폰으로 대체되며 주변으로부터 받은 상처를 회피하기 위해 중독되어 간다. 아이들은 게임이나 스마트폰 자체가 재미있다기보다는 뭔가 불안하고 답답한 마음과 현실에서 벗어나 다른 세상에 몰두할 때 생기는 일시적인 짜릿한 흥분상태를 통해 고통에서 벗어나고자 한다. 사춘기에 들어서면서 반항심은 더욱 커져 자신의 존재를 과시하기 위해 담배를 피우거나 성폭력, 폭력, 왕따 등 문제행동으로 자신을 알리려고 한다.

사실 이러한 문제행동을 보일 때 그 아이들을 이해하는 것은 쉽지 않다. 이해할 수 있는 한계를 넘어가는 행동을 봤을 때 누군가를 있는 그대로 보는 것은 어려운 일이다. 남들에게 피해를 주고 다치게 하는 행동을 어떻게 이해하겠는가? 사람과의 관계에서 힘이 드는 것은 나와 다른 누군가를 받아들이는 일이기 때문이다. 내가 생각할 수 없는 행동을 보일 때, 노력에도 불구하고 다른 행동을 보일 때 실망하고 부정하고 싶어진다. 누구나 자신만이 옳다라고 생각하는 세계가 있다. 사람들은 고정된 틀을 가지고 산다. 아이들을 수용하지 못하고 교사만의 고정된 틀을 가지고 아이를 대할수록 아이들은 틀에 저항한다. 아이가 내가 원하지 않는 상황이나 행동을 보이면 거부하거나 통제할 수 없어서 화가 나는 것이다.

그러나 아이들에게도 사연은 있다. 아이의 이야기를 들으면서 이해하게 되니 아이의 인생이 보이기 시작했다. 안에 어떤 감정들이 쌓여 아이들을 이렇게 괴물로 만든 것일까? 따뜻한 눈으로 바라보니 전혀 보이지 않던 아이들의 상처와 아픔, 눈물이 보였다. 아이들은 자신의 아픔을 다른 사람과 자신을 향한 폭력으로 표현하고 있었다. 알고 나니 아이들이 불쌍해진다. 불쌍해지면 아이들을 미워할 수 없게 된다. 당장 죽을 것 같이 힘든 아이에게 다른 사람을 배려하라고 하는 것은 사치다. 그저 위로와 보호가 절실히 필요할 뿐이다. 물론 아픔을 폭력으로 표현하는 것은 틀렸다. 다른 방법으로 표현해야 한다. 그러나 이렇게 생각해보자. 그나마 힘이 남아 있어서 화도 내고 싸움도 거는 것이라고. 그럴 힘도 없는 아이들은 매일 자신을 죽이는 연습을 하다가 결국 목숨을 끊기도 한다. 아이의 발달단계를 알면 훨씬 이해가 쉬워진다. 아이의 연령에 맞는 특성을 이해하면 아이들의 행동이나 생각들을 이해할 수 있다.

'나와 너는 다르다'라는 의식은 아이들과 멀어지게 만든다. 자신의 마음을 들여다보는 것만큼 아이의 마음 속을 헤아리는 일도 중요하다. 교사들 중에는 더 많은 관심과 사랑을 주어 아이의 성장을 돕고 자신의 교육적 이상을 실현하고자 아이와 스스로를 동일시하는데 그러면 그럴수록 더 이해하기 힘들다고 말하는 경우가 있다. 아이의 나쁜 행동을 바로잡아야 한다고 생각한다. 그러나 아이들에게 더 많은 것을 가르쳐주고, 재능을 실현시키기 위해 더 나은 가치관과 삶의 지혜를 주입시키고, 어긋나려는 행동들을 깎고 다듬으려 하면 할수록 아이들과 부딪힌다. 아이의 행동에 초점을 두고 훈계하거나 질책하기보다 속마음을 궁금해하는 태도가 필요하다. 그 속에 숨은 욕구가 있을 것이고 아이만의 기준도 있을 것이기 때문이다. 그 행동과 태도 이면에는 분명 사랑받고 인정받고자 하는 욕구가 가장 큰 원동력으로 자리 잡고 있을 것이다.

사람 마음이란 게 그렇다. 개인차가 있긴 해도 아이의 마음을 들여다보았을 때 그 마음을 왠지 알 것 같다는 느낌에 도달하기까지는 그리 오래 걸리지 않는다. 내가 세상을 보는 시각, 즉 평가하고 판단하려고 하는 고집을 버리는 데 더 많은 시간이 필요할 뿐이다. 애정과 인정의 결핍에 대한 아픈 자각을 하는 자신에 대해 너그럽게 안쓰러워하는 태도가 필요하다. 내가 갖고 있는 지식이나 신념이 완벽하지 않을 수 있으며, 나 또한 무심코 던진 말에 누군가 상처를 받을 수 있음을 깨달으면 된다.

아이들을 받아들일수록 삶은 풍성해진다. 내치지 않고 끌어안는 힘이 교사나 아이 모두의 행복을 만들어낸다. 받아들이기 어려운 것들을 조금씩 받아들일 때 마음의 경계선이 허물어진다. 아이에 대한 내 고정관념을 깨뜨릴 때 아이를 이해할 수 있게 된다. 거부와 제외가 아닌 받아들임은 아이와의 소통을 만들어낸다. 아이의 부족한 점을 내치지 않고 품어 안쓰러움으로 이해할 때 아이는 다가온다. 아이를 받아들여주는 힘은 이해에서 온다. 이해의 폭이 크면 클수록 아이들의 삶을 받아들이고, 자신의 삶 또한 받아들인다. 이전에는 이해되지 않았던 것이 받아들여지기 시작하면 삶은 달라진다. 도대체 이해할 수 없었던 아이의 행동에 대한 분노도 시간이 지나자 결국 아이의 문제가 아니라 내 마음이 좁았으며 이해가 없었음을 깨닫게 되었다. 아이에 대한 잦은 실망감과 분노가 생긴다면 내 그릇이 작아서 아이들을 담지 못하는 것은 아닌지 생각해보아야 한다. 내가 전혀 원하지 않았던 것이지만 긍정하고, 나와 다르지만 받아들이다 보면 아이는 바뀌기 시작한다.

나와 다른 사람들에 대한 편견을 내려놓고 그대로 받아들일 때 성숙한 세상이 되지 않을까? 받아들이는 만큼 성숙해진다. 성숙에 이를수록 자유가 찾아온다. 아이와 나의 삶을 평화롭게 만들려면 세상을 향해 두 팔을 벌려야 한다. 부정하기보다 인정하고 사랑해야 한다. 유홍준의 『나의 문화유산답사기』에는 다음과 같은 구절이 있다. "사랑하면 알게 되고 알게 되면 보이나니 그때 보이는 것은 전과 같지 않으리라." 아는 만큼 보이고 이해하는 만큼 사랑하게 되고 사랑하는 마음을 품으면 다시는 전과 같은 시각을 가질 수 없다는 의미일 것이다.

상처받은 아이들은 사람들을 믿지 않기 때문에 마음을 쉽게 잘 열지 않는다. 꾸준히 믿어주고 단순히 곁에 앉아 있기만 해도 스스로 마음의 문을 연다. 따뜻한 시선으로 늘 곁에서 지켜봐주고 끝까지 믿어주는 것, '있는 그대로의 아이'를 그냥 받아들이는 것이 필요하다. 아이들을 선의로 대하는 것이다. 사람에 대한 이해와 믿음 없이는 아이들을 선의로 대할 수 없다. 당장은 아이들이 전혀 필 것 같지 않은 꽃처럼 보이지만 꽃들은 시기만 다를 뿐 모두 피듯이 아이들도 필 것이라는 믿음을 갖자.

13

"재는 왜 욱하는 걸까?" 아이의 분노

평상시 보건실에 오면 상냥하게 인사부터 하는 순한 6학년 남자아이가 있었다. 그 순한 아이가 분노에 찬 모습으로 교실문을 부수어 손등이 찢어지고 피가 난 채 왔다. 치료받는 내내 아이들이 자신을 무시한다며 씩씩댔다. 너무 세게 쳐서 손등이 골절되는 바람에 한동안 깁스가 필요할 정도였다. 엄마와 상담해보니 초등 저학년 때까지만 해도 말을 잘 듣지 않고 다소 거칠고 반항적인 면이 있긴 했지만 학교생활에 문제가 될 정도는 아니었다고 했다. 그런데 6학년 2학기가 되자 같은 반 아이와 싸우고, 교사에게 욕을 하고, 이러한 책임과 원인을 다 친구나 교사 탓으로 돌렸다. 이런 폭력적인 성향은 사춘기가 되면서 더 심해졌다고 한다.

엄마는 아이가 어렸을 때부터 별나서 키우기 힘들었단다. 집에서도 짜증이나 화를 잘 내고, 어질러진 것을 치우라고 해도 말도 안 듣고, 게

임하지 말라고 해도 전혀 듣지 않았다. 어릴 때는 혼내거나 자제력을 잃고 때리면 조금 말을 듣더니 이제는 전혀 통하지 않는다. 아이와 마주 앉았는데도 엄마는 지친 듯 아이와의 관계를 체념한 채 아이를 똑바로 쳐다보지 않았다. 눈치가 빠르고 이해력이 뛰어난 아이들은 혼나는 일을 하지 않는다. 그러나 아이들 중에는 수십 번을 말해주어도 하나도 제대로 해내지 못하거나 야단맞으면서도 무슨 잘못을 했는지 모르는 경우도 많다. 준비물, 숙제, 엄마가 시킨 일 등을 제대로 해내지 못하고 대부분 잘 하려고 하지도 않는다. 이러한 자신의 감정이나 상태를 잘 표현하지 못하다 보니 자주 혼난다. 부적응 아이들은 문제아로 분류된다. 그러나 집중하지 못하고 산만한 아이도 아픈 아이다.

가정에서뿐만 아니라 학교생활에서도 마찬가지로 칭찬보다 훈육을 핑계로 혼나는 것이 다반사다. 대체로 수업시간에 잡담을 하고 이상한 질문으로 수업 분위기를 흐리거나 다른 아동을 방해하는 등 앉아 있지 못하고 산만해 집중력이 부족한 행동을 보인다. 주의집중을 하지 않다 보니 성적이 낮다. 잠시도 가만히 있지 못하는 남자아이를 교사가 이해하기란 쉽지 않다. 교사 중 여자가 많은 학교는 남자아이들의 폭력성이나 산만함 등 자연스러운 본능이 쉽게 받아들여지지 않는다. 성별을 떠나 이러한 성향의 아이들은 말 잘 듣는 아이를 선호하는 교사로서 인정하고 칭찬하기가 어렵다.

한번은 싸운 아이들을 담임교사가 데리고 왔다. 한 아이는 얼굴에 상처가 있었다. 한 아이가 친구의 얼굴을 때린 것이다. 교사는 네가 그럴 줄 알았다면서 아이의 말은 들으려고도 하지 않은 해 "네가 그렇지!"

하면서 다그쳤다. 아이는 억울해했다. 아이가 교사의 말을 듣지 않고 거부하니 계속 주의를 듣고 꾸중을 받게 된다. 때론 교사나 친구들에게 관심을 받고 싶어서 과장된 행동을 하거나 강한 질투심을 보이며 불만을 토로하기도 한다. 어릴 때부터 이러한 성향을 보이는 아이들은 매 학년마다 교사로부터 꾸중을 듣는 것이 반복되고 차곡차곡 쌓여서 자신감은 바닥을 치고 친구들이나 교사와의 관계에서 소극적이고 위축된다. 열등감, 욕구불만 등을 보이고 작은 일에도 의존적이며 충동적인 성향을 나타낸다. 더구나 한 번 찍힌 아이는 다음 학년에도 새로운 담임에게 인계되어 아이에 대한 편견은 악순환된다. 이러한 부적응은 친구나 교사, 학교에 대한 소속감을 없애고 부모나 교사를 증오하고 자신은 불행하다고 생각하며, 학교나 가정 등에서의 생활에 만족하지 못해 현실에서 벗어나려고 한다.

고백하건대 나 역시 그랬다. 수업시간에 집중하지 않고 떠들면서 산만한 아이들을 볼 때면 '내가 얼마나 수업자료를 열심히 준비했는데 나를 무시해?' 하는 생각이 들어 아이가 미웠다. 그러나 아이들이 부모나 교사, 친구들에게서 받는 마음의 상처를 들여다볼 수 있게 되면서 바뀌더라. 사랑이라는 명목으로, 내 자식이라는 명목으로 학대하거나 구박하거나 체벌하는 어른들이 아이들을 그렇게 만들었다. 아이들의 행동에는 분명히 상처가 있다. 보이지 않는 상처는 아이들의 행동으로 나타난다. 그 상처는 분노로 표출된다. 무엇이 그렇게 만들었는지를 알아보고, 그것을 해결하는 것이 어른인 우리가 할 일이다.

14

[교사 처방전] 분노장애와 ADHD를 의심하라

아이들의 공격성을 해결하려면 아이들의 욕구불만을 해소시켜야 한다. 아이들의 행동이 다른 사람에게 피해를 줄 정도라면 아이는 뭔가 채워지지 않은 상태라고 보면 된다. 사춘기가 되면 아이들이 반항을 하는데 정상적인 성장과정이긴 하지만 공격성이나 적대적인 행동이 같은 나이 또래와 비교해 자주 지속적으로 나타나 아이의 사회, 가족 그리고 학업에 영향을 주는 경우라면 상담이 필요하다.

한 아이의 엄마에게 아이와 공원에서 산책을 해본 적이 있는지 물어보았다. 아이와 산책도 하고 같이 놀려고도 한다며 노력하고 있다고 답했다. 어떻게 지내는지 자세히 묻자 같은 공원에 같이 가도 따로따로 걷는 등 엄마와 아이가 정서적으로나 질적으로 유대감이 튼튼하지 못하다는 것을 발견했다. 아이가 먼저 상담을 받았고, 엄마도 상담을 받는 것이 좋다고 하여 엄마도 함께 받았다. 엄마는 자신의 잘못된 사랑 방식이 아이를 이렇게 만든 것 같다고 반성했으며 아이는 놀이치료를 받았는데 그 후 아이가 많이 변했다. 공부 못하는 아이, 집중하지 못하고 산만한 아이는 교사의 손길이 더 필요한 아이다. 세상에서 상처받지 않도록 보호하고, 너의 잘못이 아니라고 이야기해주어야 한다. 행복하고 따뜻한 기억이 아이들의 공격성을 줄인다. 아이들의 특성을 이해하고 조금 더 느긋하게 함께하는 마음이 필요하다. 세상으로부터 외면받았던 아이들이다. 부적응 아이들을 문제아로 분류하지 말고 사랑이 부족한 아이라고 따뜻한 눈빛으로 받아들이고 도움을 주어야 한다.

좋은 성적이나 뭔가를 해낸 결과로 높은 평가를 받아야 사람 취급을 받는 사회 분위기에서 그 기대에 부합하지 못하는 아이들은 소외되고 상처받는다. 누구 하나 아이 자체에 관심을 가져주지 않고, 사랑과 인정을 받지 못하는 아이들은 둘러싼 관계 속에서 오는 상처 때문에 여러 가지 문제행동을 보인다. 특히 사춘기가 되면 학업, 친구, 가족 등과 관련된 스트레스에 많이 노출되어 있다. 사소한 것에도 예민하게 화를 내며 자기 자신의 화나는 마음을 조절하지 못하고 분노에 싸여 서로 욕하고 싸우다가 학교폭력으로 악화되기도 한다. 이러한 공격성이나 분노, 우울감을 운동이나 음악 같은 취미생활을 통해서가 아니라 게임, 흡연, 알코올, 왕따 및 학교폭력, 성폭력, 자살 등과 같은 불건전한 방법으로 해소하려고 한다.

뇌과학자들은 뇌의 경찰인 전두엽, 즉 감정을 조절할 수 있는 곳의 기능 저하가 폭력을 일으킨다고 말한다. 전두엽이 제대로 발달하지 않았을 때 고삐 풀린 말처럼 난폭한 행동을 저지르게 되는 것이다. 전두엽은 행복 호르몬인 세로토닌이 관여하는데 부족하면 공격성이 증가한다고 한다. 그 시작은 '미운 4살'이라고 부르는 시기다. 감정조절이 안 되어 투정을 많이 부리고 달래기 힘들다. 그러다 보니 아이가 떼를 쓰거나 투정을 부리면 부모는 '아직 어리니까' 하면서 방임하거나 아이가 다루기 힘들고 성격이 나쁘다고 느끼게 된다. 결과적으로 아무리 혼내고 달래도 아이가 말을 듣지 않을 거라고 생각하게 되고, 아이에게 '건강하게만 자라다오' 하면서 아무런 기대도 하지 않게 된다. 아이는 자신의 감정을 조절할 수 없고, 주변 사람들에게 외면당하면서 무력감과 좌절감을 경험하게 된다. 대화, 식사, 수면, 배변 같은 기본 습관을 들이려고 할 때 아이들은 고집을 부린다. 말을 하지 않거나 음식을 거부하거나 과식을 하기도 하고, 잠을 잘 못 자거나 바지에 대소변을 보는 등의 행동을 한다.

성적 부진은 주로 반항하는 고학년이 되면서 나타난다. 적의에 찬 아이가 있었다. 아이는 매번 모든 것을 거부하고 싫어하며 입에서는 거친 독설이 끊임없이 흘렀다. 주변 아이들은 "쟤는 맨날 저래요" 하면서 관심을 가지지 않았는데, 나중에 음주 수업을 하면서 자기는 술이 좋은데 엄마가 그때만은 때리지 않기 때문이라고 말했다.

아이가 보호받고 의존하고 사랑받고자 하는 것은 본능이다. 어렸을 때부터 산만했던 아이는 학교와 가정에서 끊임없이 혼이 난다. 부모의 불안형성과 사회적, 경제적 이유들로 인해 아이는 보호받고자 하는 의존적 욕구와 본능을 이해받지 못한 채 좌절을 겪을 수 있다. 마음속에서는 욕구와 금지 사이에 갈등이 일어나고, 마음의 평화가 깨지면서 불안이 생긴다. 아이는 불안과 두려움으로부터 자신을 보호하고, 한편으로는 자신의 욕구를 충족할 수 있는 방법을 찾아 행동한다. 본능이 해결되지 않을 때 받는 보이지 않는 상처는 아이들의 행동으로 나타난다. 공격적인 성향을 가진 아이는 별다른 이유 없이 다른 아이들을 때리거나 돈을 뜯는 등 신체적으로 폭력을 가하고, 시비를 걸거나 욕을 하는 등 정신적으로도 공격한다. 어린 시절에 이러한 공격적인 성향을 강하게 보이는 아이는 사춘기가 되기 시작하면서 도벽이나 가출, 무단결석이나 파괴적 행동, 약물 복용 같은 반사회적인 행동을 보인다. 어른이 되면 세상에 대한 복수로 반사회적인 범죄를 저지를 수도 있다.

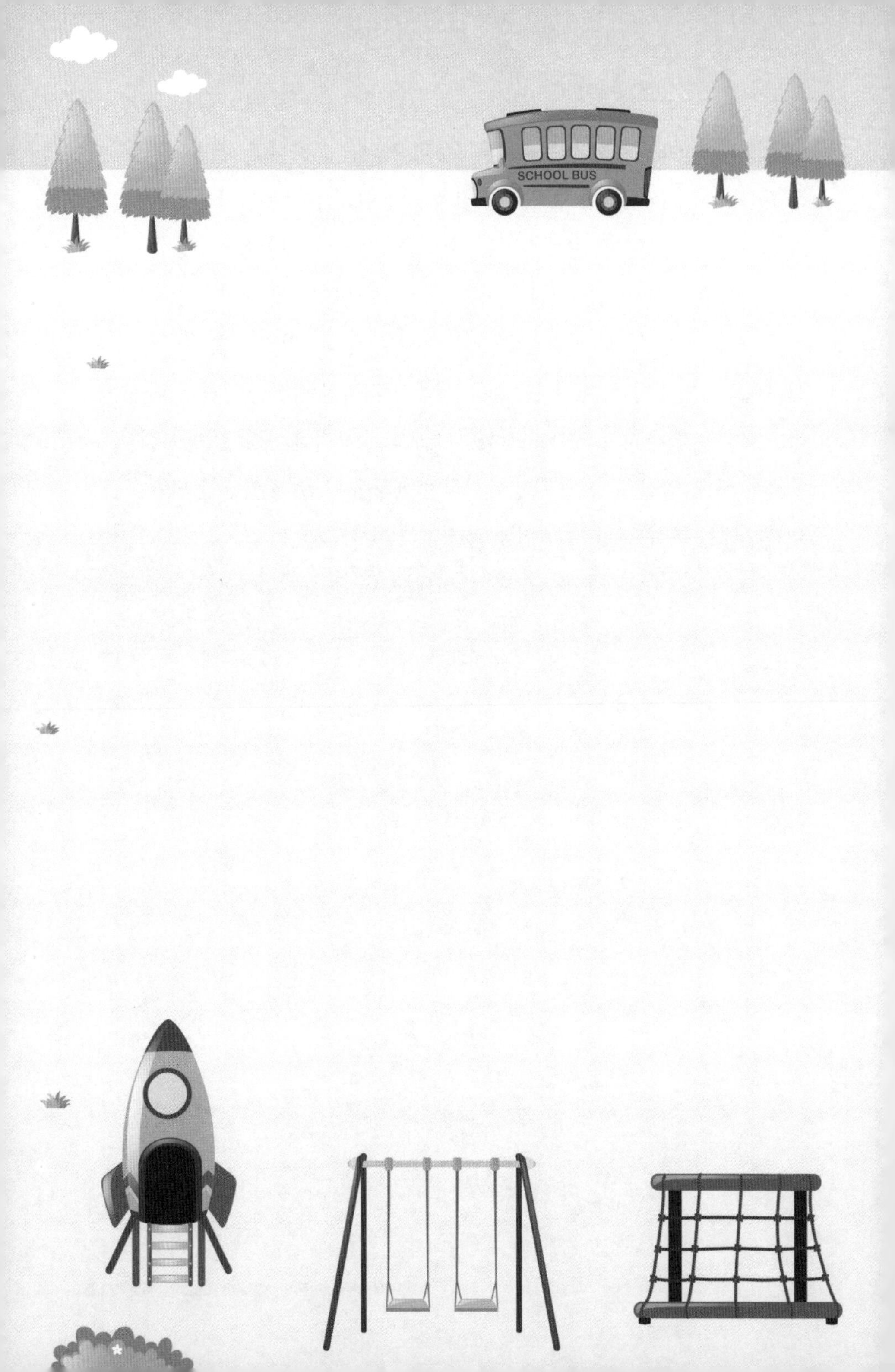
SCHOOL BUS

5부

아이들 덕분에 교사도 성장한다

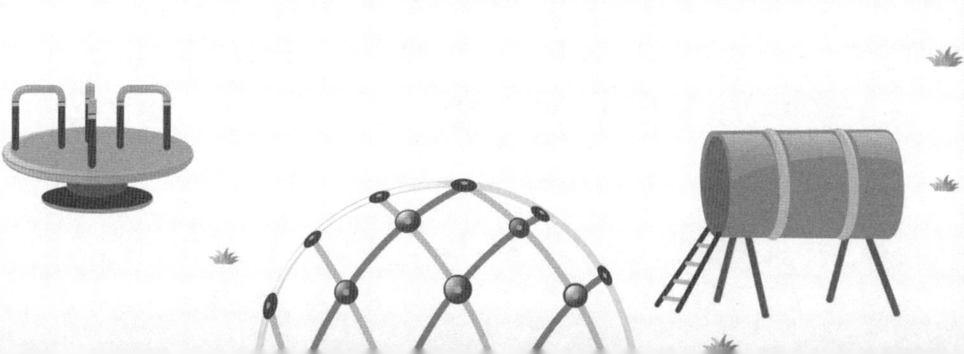

1

아이들이 나를 성장시킨다

EBS 〈배움 너머〉 나이팅게일, 통계로 생명을 구하다

'백의의 천사'인 나이팅게일을 통해 근대 간호학이 만들어지고 성장해왔다. 크림 전쟁 당시 부상병을 돌보던 그녀는 환자를 위한 인력과 약품, 이불 등의 기본 물품 처리조차 미흡한 상태에서 많은 환자들이 죽어가는 것을 목격했다. 그래서 혼란한 가운데 간호의 체계를 세웠고, 그렇

게 전쟁터에서 병사들을 돌봐주는 것에서 간호학이 시작되었다. 나이팅게일은 간호사일뿐만 아니라 통계학자이기도 했다. 전쟁 중 입원한 부상환자의 질병과 사망 원인 등 야전병원의 상황을 도표화하여 통계 분석을 통해 병의역학을 발견해냈다.

환자 사망률을 42%에서 2.2%로 급감시켰으며 위생, 청결 등 환경개선의 중요성을 간호 원칙으로 자리 매기며 보건 행정의 혁신가로 성장했다. 사람들은 흔히 문제를 발견할 수 있어야 해결을 위한 노력도 시작할 수 있다는 말로 문제의식의 중요성에 대해 이야기한다. 셰익스피어가 희곡을 쓰고, 베토벤이 교향곡을 작곡하고, 한비야가 긴급구호를 한 계기는 무엇이었을까? 이들의 공통점은 각자 내면으로부터의 문제의식에서 출발했다는 것이다. 자신의 인생에서 성장한 사람들은 대부분 고민하고 문제의식을 제기하고 개선하면서 앞으로 나가려고 한다.

성장은 문제를 스스로 찾아내어 그 문제를 해결하는 과정이며, 문제를 느낄 수 있는 '문제에 대한 인식'이 성장의 출발점이다. 사실 문제가 없다면 새롭게 뭔가를 생각할 것도 없다. 문제가 있다는 것을 알아야 그것을 해결할 방법을 생각해낼 수 있기 때문이다. 문제를 해결하기 위해 이리저리 머리를 굴리는 과정에서 성장이 일어난다. 문제의식은 사람들에게 당연하게 받아들여지는 것에 대한 의문

에서 시작되기도 한다. 새로움은 언제나 낯설다. 변화를 싫어하는 사람들은 “좋은 게 좋은 거지”나 “예전에도 그랬었는데, 뭐” 하며 지금까지의 그대로를 답습한다. 이러한 문화는 우리 무의식 속에 깊게 자리 잡고 있어 새로운 뭔가를 시도하거나 문제의식을 보이는 행동에 호의적이지 않다.

좋은 교사는 문제의식을 갖고 그 문제를 해결하고자 해야 한다. 자기 철학과 의지를 갖고 스스로 연구하고 실천하면서 끊임없이 성찰하는 과정을 통해 성장하는 것이다. 뛰어난 교육자들을 분석해보면 그 가치를 공유하고자 한다는 특성이 있다. 자신만의 교육철학, 자기주도적인 의지와 실천력, 자기성찰 능력 등 성장의 원동력이 될 만한 연구나 실천 결과를 다른 사람들과 함께 나누고자 한다. 연수가 성장에 의미가 없다고 하는 사람도 있지만 새로운 연수는 내가 기존에 갖고 있던 문제의식을 넘어 또 다른 종류의 문제의식을 느끼도록 해주기도 한다. 특히 외부기관 연수는 새로운 시각을 보여주어 교육의 방향에 대해 생각할 수 있게 하는 좋은 기회다.

아이들을 위해 내가 할 수 있는 일은 무엇이 있을까? 학교에서 벌어지는 성폭력, 흡연, 비교과 교육, 교육자료 부족, 수업 기술 부족 등에 대한 문제의식은 나를 공부에 빠지게 만들었다. 아이들이 문제라고 느끼는 것에 대해서도 공부했다. 외모지상주의로 인해 다이어트에 빠진 초등 여자아이들, 음란물로 인해 가해자가 되는 남학생들, 부모와의 공부 전쟁으로 스트레스를 받는 아이들, 부모의 가정학대로 멍드는 아이들, 약한 아이들을 지켜주어야 한다는 생각이 거듭되었다. 내 아이는 내 마음대로 한다는 가부장적 문화에서 그것을 규제할 수 있는 힘이 필요하다고 생각한다. 인터넷 게임이나 영화에 나오는 구타·따돌림·잔인한 싸움·과격한 영웅주의, 성적 환상으로 인한 무차별적인 상업주의 속에서 아이들이 현명하게 판단할 수 있는 관점을 키워주고 싶었다. 다중지능이론으로 각자 자신이 잘하는 것에 집중하고 꿈을 키울 수 있게 해주고 싶다는 생각도 하게 되었다. 관련 도서나 논문을 찾아보기도 하고 책을 사서 혼자 독학으로 공부하기도 했다. 어디든지 찾아가 관련된 강의나 연수를 듣고, 교육자료를 만들며 프로그램을 익히기도 했다. 또한 아이들에게 접근하기 위해 상담대학원에 진학했다. 보건업무를 수행하는 현장에서 느낀 문제의식과 고민은 나를 배움의 길로 이끌었다. 문제의식에 대한 고민은 배움의 과정을 통해 해결의 빛이 보였고, 그 과정에서 성장의 에너지가 충전되었다.

내 가치를 발견하기 위해 내가 잘할 수 있는 것에 하나씩 도전하기 시작했다. 그 성장을 가로막는 벽 앞에서 선택한 것이 대학원이었다. 승진하기 위해 대학원에 가느냐는 질문을 받기도 했다. 그렇게 보일 수도 있지만 아이들에게 접근하는 방법을 배우고, 문제를 해결하기 위한 갈망으로 선택했다는 게 옳을 것이다. 문제에 자꾸 부딪치다 보니 새로운 뭔가를 배우고 싶었고, 논문 주제도 선정하게 되었다. 알면 알수록 더 많은 공부가 필요했다. 성 인권을 공부하다 보니 여성의 인권에 대해 생각하게 되었고, 더 나아가서 여성학까지 전공하고 싶었다. 문제의식은 기존의 논문을 읽으면서 현장에 적용하면서 발전시킬 수 있었다. 사회를 수용하지만 매몰되지 않는 문제의식이 바탕이어야 한다. 실제 현장을 바탕으로 축적된 데이터와 결과를 가지고 실천해야 한다. 비판에서 그치는 것이 아니라 잘할 수 있도록 구조를 바꾸어야 한다. 건강교육에 대해 입으로 부르짖기보다 건강교육을 하지 못하게 만드는 이유가 무엇인지를 파악하고 설득하고 바꾸어가야 하는 것이다. 교사의 책임은 사회를 가르치는 게 다가 아니라 사회를 바꾸는 것에도 있다. 이를 위해서는 연구하는 교사, 소통할 수 있는 협력공동체, 구조를 바꾸기 위한 힘과 영향력을 발휘할 수 있는 힘이 필요하다.

교사는 교사이면서 실천가가 되어야 한다. 우리나라의 교직은 다른 나라처럼 정치 참여가 어렵다. 학교는 많은 문제점을 갖고 있다. 그러나 혼자 풀어나가는 것은 계란으로 바위를 치는 것이다. 교육부, 교육청, 학무모, 지역사회가 모두 얽혀 있다. 그래서 문제를 해결하기 위해서는 모두를 움직이는 힘이 필요하다. 미국 교원단체를 만든 교육철학자 듀이는 "교사들 스스로 주체세력으로 힘을 모으지 않으면 교사의 목소리을 전하는 것은 물론 교육개혁도 이룰 수 없다"고 말했다. 그는 평생을 가르치는 자로 살아온 교육학자 스콧 니어링의 자서전에 있는 "교사는 사회 진보의 최일선에 서 있다"는 말을 가슴에 품었다고 고백했다.

아이들의 삶과 현실에 관심 없는 교사가 제대로 가르칠 수 있을까? 교사는 아이들과 함께하는 사람으로 아이들을 통해 성장해야 한다. 때론 아프고 다칠 수 있겠지만 그 경험이 교사들을 성장시킨다. 아이들의 관심은 교사를 성장시킨다.

②

교사에게도 성장통은 있다

성교육에 대한 필요성을 느끼고 성교육연구회를 만들었다. 성교육에 관심이 많았던 교육청 초등장학사, 학교 교장, 인근 보건교사들이 공개수업을 참관했다. 총무였던 교사가 수업을 했는데, 수업이 시작되자마자 수업 내용을 떠나 교사가 아이들을 대할 때 사용하는 언어나 행동 등 아이들을 배려하지 않는 지도 방식을 보여 아차 싶었다. 보는 것은 다 같은지 교대 출신 장학사는 수업에 대해 혹평을 내놓았고, 보건교사가 내용은 잘 알지 모르지만 그것을 전달하는 교수법 부분에서 많이 떨어진다는 것을 적나라하게 드러냈다. 연구회를 주도했던 회장으로서 보건교사가 가진 수업 기술의 민낯을 보여준 듯하여 창피하고 부끄러웠다. 수업 전에 미리 수업하는 모습을 한 번이라도 확인할 걸 싶어 철저하게 준비하지 못한 스스로를 자책하게 되었다. 그 일 이후 '내가 뭘 하겠어'라는, 교사로서 자격이 없다는 마음에 열등감과 우울감으로 슬럼프에 빠졌다. 내 안의 동굴에 틀어박혀 누구와도 만나고 싶지 않았다. 실패할지 모른다는 불안감이 너무 커지자 다시 시도했다가 안 하느니만 못한 결과가 되느니 차라리 아무것도 하지 않는 게 낫다는 마음뿐이었다.

힘들어하던 나에게 한 선배의 말이 힘이 되었다. "같은 일이 친구에게 일어났다면 너는 그 친구를 어떻게 대했을까? 어떤 말을 해줄래?" 입장 바꿔 생각해보라는 말이었다. "괜찮아. 사람들은 네 실수에 대해 네가 생각하고 있는 것만큼 그렇게 크게 관심이 없어. 다른 사람의 시선과 평가에 휘둘리지 않아도 돼." 나는 스스로에게 현미경을 들이대고 잘못이 깨알만큼이라도 없나 하며 찾고 있었다. 보다 객관화된 잣대로 내 자신을 친구처럼 대하는 것이 필요했다. 실수나 실패했을 때 비하하거나 혹독하게 다그치기보다 실패를 통해 더 성장할 수 있도록 나를 소중하게 대하고 건강한 자존감을 키우는 게 중요하다는 것을 깨닫자 슬럼프에서 탈출하기 위한 노력이 시작되었다.

수시로 스스로와 이야기를 나누었다. 나는 문제가 생길 때마다 나와 이야기한다. 믈론 친구들과 이야기할 때도 있고, 친구들의 위로가 큰 도움이 되는 건 사실이지만 근본적인 해결책이 되진 못했다. 근본적인 해결책은 나 스스로에게 있기 때문에 문제가 생길 때마다 책을 통해 길을 찾았다. 수업이 부족하다 싶으면 수업 관련 책을 보았고, 육아가 힘들 때는 육아서적을 보면서 때마다 자기계발서, 심리학, 교육수업과 교육자료들을 읽으며 문제를 해결하곤 했다. 그런 시간이 쌓일수록 답답했던 마음에 숨통이 생겼고, 그 자리에 주저앉지 않고 도전할 수 있는 힘도 생겼다. 도전함으로써 공부하고 한 단계 더 성장하는 길이 열렸다. 그렇게 시간이 지나자 내가 앞으로 해야 할 일과 하고 싶은 일이 차츰 보이더라. 나의 삶은 새로운 나침판을 만나게 되었다. 실패를 통해 상처가 날수록 마음의 근육은 더욱 단단해졌다. 나 자신에게 항상 하는 두 개의 말이 있다. 스스로를 긍정적으로 바라볼 수 있게 하는 "모든 것을 잘하는 사람이 어딨어?"와 어렵고 힘들 때 나를 버티게 해주는 "이 또한 지나가리"다.

주변에 나보다 능력 있는 사람들이 많다. 나보다 공부도 잘하고, 시험 결과도 좋고, 글도 잘 쓰고, 잘 가르치고, 업무 면에서도 뛰어난 교사가 있었다. 어느 날 그녀에게 "아이디어도 좋고, 교육자료도 잘 만드시네요" 하며 교육자료전에 나가볼 것을 권유했는데, 그녀는 뭔가에 도전하는 것이 두렵기만 하다며 주저했다. 그 말을 듣고 상담 대학원 수업을 들을 때 어느 교수가 해준 말을 전했다. "완벽하지 않아도 돼. 그냥 살아. 못해도 돼." 그녀는 누구도 자신에게 그렇게 말해준 적이 없다며 눈물을 흘렸다. 완벽해 보이기 위해 평생을 열심히 살아온 교사들은 그런 위로를 받고 싶었던 것이다. 사람들은 자신에게 가혹할 만큼 비판적이다. 자신의 약점을 없애기 위해 집중한다. 그러나 먼저 자신을 따뜻한 시선으로 바라보아야 한다.

다른 사람과의 비교는 도전에 소극적으로 만든다. 다른 누군가가 아니라 어제의 나와 비교하면 도전에 실패해도 성장이라는 기쁨을 얻을 수 있다. 잘하려고 하는 게 아니라 내가 즐거운 일을 찾았다. 교육자료전 대회를 나갈 때마다 주위에서 승진점수를 따기 위해 노력하는 거냐고 물었다. 당시에는 장학사로 승진할 수 있는 제도가 없었기 때문에 교육자료를 만드는 이유는 순수하게 재미 있었기 때문이다. 원래 뭔가를 만들고 그리는 것을 좋아해서 만드는 것 자체가 재밌었는데 더구나 수업자료로 쓸 수도 있으니 얼마나 좋은가.

교육자료를 만들기 위해서 논문 자료를 찾고, 만드는 방법을 찾고, 컴퓨터 프로그램을 배우는 과정 자체가 재미있었다. 학교에서 인정받지 못하는 마이너이기에 어떻게든 인정받고 싶은 욕구는 있었지만 보건교사가 학교에 딱 나 한 명이다 보니 다른 사람과 비교받지 않아도 됐다. 딱히 정해진 목표가 없었기 때문에 해마다 혼자서 단기계획을 세웠다. 새해가 되면 1년 동안 집중하고 싶은 것을 한 가지씩 정했는데 심리학이나 성교육에 대해 공부하거나, 교육자료전이나 현장연구 등을 준비하기도 했고, 보건교사회 일을 하기도 했다. 때론 아무것도 하지 않고 영화나 책을 보며 여행하자고 정하기도 했다. 그 전년도에 일로 힘들었다면 그 다음해에는 휴식의 해로 정해서 충분히 쉬며 스트레스를 극복하고 회복했다. 이렇게 '1년에 한 가지 집중'은 일과 휴식을 적절하게 분배해 다시 도전할 수 있는 마음의 힘을 키우는 시간이 되었다.

③

괜찮아, 괜찮아, 괜찮아. 나는 학교 엄마다!

두 시누이가 미술학원을 함께 운영했었다. 당시 큰고모는 세 명의 아이를 키우고 있었고, 작은고모는 미혼인 상태였다. 작은고모는 예쁘게 차려입은, 부모가 신경을 많이 쓴 아이들이 예쁘다고 했다. 지저분하고 우울한 아이들을 보면 왜 저러고 다니는지 이해하기 어려웠단다. 그러나 큰고모는 부모의 돌봄을 제대로 못 받은 아이들을 안쓰러워 하며 더 많이 챙겼다. 밥을 못 먹고 온 아이들에게는 간식이라도 챙겨주고, 아이들을 씻기기도 했다. 나 역시 그랬다. 내 아이를 낳기 전에는 예쁜 아이들에게 더 눈이 갔다. 보건실을 찾는 아이들을 보면서 처음에는 이해하기 힘들었다. 틀림없이 꾀병인데 하루에도 수없이 들락거리며 "어떻게 좀 해주세요"라고 하는 아이들을 보면 '어쩌라고' 하는 답답함이 밀려왔다. 그러나 아이를 낳아보니 큰고모의 마음을 알게 되었다. 부모가 잘 챙기지 않아 힘들어하는 아이들이었다.

아이들은 결손가정, 조손가정, 다문화가정 등 가정에 문제가 있는 경우 보건실을 많이 찾는다. 보건실 문을 발로 차면서 들어오기도 하고, 빽 소리 먼저 지르면서 오기도 하는 등 때론 정말 기분이 나쁠 때도 있지만 아이들의 상황을 알기 때문에 따끔하게 혼낼 수가 없다. 보건실 단골손님들은 대체로 마음이 아픈 아이들이다. 겉으로 아무렇지도 않게 웃으면서 다가오지만 마음속으로 눈물을 흘리고 있는 아이들이다. 외톨이로 멍 때리기 싫은 아이, 이름 한 번 불러주길 바라는 아이, 수업시간에 존재감을 나타내고 싶은 아이, 마음 둘 곳을 잃어 방황하는 아이, 보건실에서라도 입을 떼고 싶은 아이, 울고 싶은 아이들이다. 요즘에는 실연당해서 마음이 아프다고 오기도 하며, 자기 앞에 놓인 현실이 답답해 심장이 뛰고 숨을 못 쉬겠다고 하는 아이들도 있다.

아이들은 도피처로 보건실을 찾았다. 숨을 쉬기 위해 찾아온다. 그러기에 더욱 보건실 단골들을 엄하게 내치지 못한다. 어쩌면 그 아이에게는 최후의 보루가 될 수도 있기 때문이다. 보건실에 아이들이 넘쳐나지만 집에서 교실에서 따뜻한 말 한 마디, 따뜻한 미소 한 번 받지 못한 아이들일 수도 있다는 생각에 나라도 아이들을 따뜻하게 안아주어야만 했다. 교사들은 다 알면서도 교육을 위해 엄하게 훈육해야겠지만 보건실만큼은 아이들이 따뜻하게 머물 수 있도록 많이 안아줘야겠다고 생각했다.

보건교사끼리 이런 이야기를 하다 보면 시골학교는 더하다. 다문화 엄마가 아이만 두고 떠나는 경우가 많다는 이야기였다. "잘 씻지 않아 냄새가 나니까 친구들이 피하고 왕따가 되기도 해요. 그래서 보건실에

드라이기와 샴푸를 준비해 씻을 수 있도록 했어요." 때로 이가 발생하면 아이들의 머리를 감겨주고 미용실에 데려가 잘라주는 등 엄마의 역할을 대신하기도 한다.

여전히 적응되지 않는 것은 점심시간이다. "선생님, 친구가 피나요!" 그 말에 먹던 숟가락을 던지고 허겁지겁 달려가니 휴지로 지그시 누르고 잠시만 기다려도 되는 작은 상처였다. 치료해주고 다시 갔더니 보건실 앞문에 '식사중'이라는 푯말까지 붙여놨는데도 아이들이 들어왔다. 식사시간이라고 내쫓지도 못하고 치료 후 급식실로 가면 함께 먹었던 사람들은 아무도 없고 식은밥과 국이 담긴 내 급식판만 덩그러니 놓여 있는 게 다반사다. 점심시간에 아이가 다쳐 인근 성형외과에 갔더니 점심시간이라 2~3시간 후 봉합해준다고 기다리라고 하는데, 가벼운 상처에도 밥 한 끼 편하게 못 먹는 보건교사의 일상이 서럽기도 했다.

한편으로는 그런 마음도 있다. 보건교사라는 게 바쁜 아침, 아이들 이것저것 다 챙기고 밥 먹여 내보낸 후에야 혼자 밥 먹는 엄마 같다는 생각 말이다. 내가 바로 아이가 어떻게 될까봐 걱정하는 학교 엄마라는 생각을 할 수 있게 되자 밥 먹다가도 일어나 밥을 퍼주는 엄마처럼 다시 치료해주는 것이 편해졌다. 엄마가 있을 때는 아무 일도 없는 것처럼 보이지만 엄마가 없으면 금방 티가 나듯이 내가 없는 자리는 금방 표가 난다. 보건교사도 아플 때가 있는데, 다들 "보건교사가 아프면 안 되지"라며 한마디씩 한다. 의사도 암에 걸리는데 나도 사람이다. 그러나 학교 의료진으로서 유일한 사람이다 보니 항상 나는 아프면 안 된다는 생각으로 어지간히 아프면 그냥 학교에 출근한다. 영양제 주사를 맞고 독한 약을 복용한 후 겨우 출근하면 '선생님, 어디 갔었느냐? 올 때마다 안 계셔서 여기저기 찾았다'며 아이들이 아우성이다. 화장실에 가려고 잠깐 자리를 비워도 이렇다. 바로 표가 난다. 때론 마음으로 토닥토닥 해주는 것이 얼마나 힘이 되는지 알면서도 학급수가 많은 학교에서 바쁘다 보면 영혼 없는 말 한마디로 대신할 때도 있다. 과대 학급에서도 혼자 근무해야 하는 보건교사로서 아이들과 학부모의 요구는 높기만 하기 때문에 아이들 얼굴 살필 겨를이 없어진다.

담임교사들은 다른 교사가 자기 반 아이에게 손을 대면 속상하다. 사고가 생기거나 다치면 죄지은 심정이 되고, 아무리 속 썩이는 문제아라도 다른 교사에게 혼이 나면 감정이 곤두선다. 공부만 가르치는 것이 교사가 아니기 때문이다. 내게 맡겨진 아이들을 위해 애쓰는 부모의 마음이 없다면 교사 노릇이 쉽지 않다. 아이들이 눈에 들어오면 올수록 가르치는 것 못지않게 돌봄의 가치에 대해 의미를 두었다. 아이들이 열이 나거나 토한 후에, 혼나고 서러울 때, 친구와 싸워서 울 때 곁에서 간호해주고 안아주는 것이 나의 소명이라는 것을 점점 더 느끼게 되었다. 아이를 낳고 키우면서 내 직업의 답으로 찾아낸 단어가 바로 '학교 엄마'다. 교육이나 의료적 전문성에서 나의 존재를 찾지 말고 아이들 개개인의 '학교 엄마'가 되어주자고 결심했다. 집안에서 내 아이를 돌보듯이 학교에서 아이들을 돌보는 것이니 엄마라면 당연히 할 일을 그냥 하는 것이다. 내 새끼니까 내가 책임지고 최선을 다하는 것이다. 아이의 아픔을 함께하는 부모가 되어 위로하고 용기를 주는 돌봄의 역할로 가치를 정의한다.

아이들은 꾹 참다가도 엄마 얼굴을 보면 엉엉 울음을 터트린다. 그러나 울어도 소용없다고 생각되면 울지 않는다. 얼마나 아팠냐고 달래주거나 울지 말라고 이야기해줄 사람이 있을 때, 자기편이 있을 때만 운다. 고등학교 때 담임교사에게 혼나 억울했던 마음에 보건실에 가서 펑펑 울었던 기억이 있다. 그때 따뜻하게 다독여주던 그 모습을 잊지 못한다. 그래서 나 역시 아이가 편하게 엉엉 울 수 있는 마음 따뜻한 학교 엄마가 되기로 했다. 누군가는 나를 통해 위로를 받고 용기를 얻으니 '돌봄'이 내 역할이리라 생각한다.

④

아이들과 함께하는 즐거움의 발견

내 고질병은 편도선이 붓는 것이다. 편도선이 부을 때면 질병의 고통 때문에 자살했던 어느 유명 작가의 심정을 이해할 수 있을 정도다. 온몸에 열이 나고 퉁퉁 부은 목으로 물 한 모금 마시기도 힘들어 끙끙 앓아야 한다. 조심하려고 아무리 발버둥을 쳐도 꼭 일 년에 두 번은 편도가 붓는다. 편도가 부어오르기 시작하면 방학이 되어가는구나 싶다. 나만 그런 게 아니라 다른 교사들도 "방학이 다가올수록 이상하게 몸이 시름시름 아파요"라고들 한다. 방학 동안 푹 쉬고 나면 괜찮아지고 에너지가 충전되는 것을 느끼는데, 다들 방학이 없다면 교사라는 직업을 못 버텼을 거라며 입을 모은다.

실제로 해보기 전에 내 머릿속에만 있던 교사생활은 환상이었다. 그러나 직접 학교에 와보니 아이들을 가르치고 함께하는 직업이 쉽지 않더라. 아이들과의 관계뿐만 아니라 학부모, 관리자, 주변 교사들과 협력하면서 일해야 하는데 그 과정에서 수많은 상처를 받는다. 교사도 사람인지라 버릇없는 아이들, 대드는 아이들, 반항하는 아이들, 따지는 아이들을 보면 머리 꼭대기까지 화가 치밀어 오른다. 그러나 그래도 참고 이끌어야 하는 직업이 교사다. 여기에 더해 보건교사는 무조건적인 '친절함'까지 요구받는다. 어떤 분이 '보건교사는 교사, 간호사, 상담사, 거기에 민원업무까지를 담당하는 감정 노동자'라고 표현한 걸 들은 적이 있다.

특히 학부모로부터의 민원에 많이 시달린다. 어느 날 한 학부모한테 연락이 왔다. 2학년 반에서 앞의 친구가 자를 전달해주다가 뒤에 있는 친구의 눈 밑을 콕 찍은 사건이 있었다. 상처의 크기나 깊이를 확인하고 소독 후 흉터를 최소화할 수 있는 밴드를 붙여주었다. 다음 날 부풀어 오른 삼출물을 보고 상처 치료를 제대로 하지 못했다고, 흉터가 생기면 어떻게 할 거냐며 할머니와 엄마가 학교에 찾아왔다. 교장 선생님에게 보건교사를 당장 잘라야 한다며 한바탕 소동을 피웠다. 또 한 번은 보건교사가 건네준 백초를 먹고 열이 났다며 무슨 자격으로 약을 주냐고 자격 운운하며 따지기도 했다. 아이 팔의 인대가 늘어난 듯하여 학부모에게 연락했더니 이런 일에 119를 부르지 않았다고 교육청에 민원을 올리기도 했다.

이게 다가 아니다. 어떤 학교에서는 학교에서 실시한 보건협회의 병리검사 결과가 좋지 않아서 학부모에게 병원 검진을 하라고 안내를 했더니 병원에서는 정상으로 나왔는데 왜 이런 결과를 보내냐고, 제대로 검사한 거 맞냐며 따지러 왔다가 친절하지 않다며 학부모 폭력으로까지 이어진 사건이 있었다. 어떤 교사는 보건교사가 처치만 잘하면 되지 왜 아이를 혼내느냐는 전화를 받았다고 한다. 그 후부터는 내 아이도 아닌데 괜히 욕먹어가면서까지 할 일은 아니라는 생각이 들어 혼내지 않는다고 했다. 전후 상황을 파악하지도 않고 학교에 와서 일단 큰소리부터 치는 학부모는 자기 불만을 있는 대로 다 쏟아낸다. 아이들 이야기만 듣고 따지는 것이다. 처치와 상황 판단에 대해 항상 신경 쓰지만 학부모의 과잉반응은 매번 맥 빠지게 한다. 이럴 때 교장 선생님마저 덩달아 왜 119를 부르지 않았느냐고 하면 당황스럽다. 응급차를 부르지 않아도 되는 상황이었기 때문에 부르지 않은 것이다. 일이 빨리 마무리되기를 바라는 마음은 이해하지만 학부모 눈치를 보며 보건교사의 판단은 무시되기 일쑤다.

아이들이 주는 상처도 적지 않다. 수업 중에 아이들은 "선생님만 옳다고 생각하세요?" 하며 반항하기도 하고, "선생님은 혼자 심심하겠어요" 하며 하루 종일 게임해도 되고 일이 엄청 편해 보인다면서 부러워한다. 50세가 넘으신 보건교사는 아이들이 자꾸 할머니라고 해서 성형외과에 가야 하나 고민이라고 했다. 보이는 것이 다인 아이들이 하는 말인 걸 알면서도 쓰라리다.

이런 일이 있을 때마다 위축되는 것이 사실이다. 작은 성공 경험이 모여 자연스럽게 자신감으로 발전하게 되는데, 반대로 작은 실패의 경험이 이어지면 열등감과 두려움이 생긴다. 학교관리자나 동료 교사와의 관계가 여러 번 어긋나면 학교 출근이 꺼려진다. 학생들과의 관계가 깨지면 교실에 들어가 학생들을 만나는 것 자체가 두렵다. 많은 학자들은 입을 모아 행복은 욕구충족, 자기존중감, 인간관계 등에 의해 영향을 받을 수 있다고 말한다. 그러니 즐겁지 않은 원인을 살펴봐야 한다. 수학여행이나 운동회 진행 등 육체적으로 피로한 상태인지, 학교관리자나 교사, 학생, 학부모 등 사람들과의 관계 문제인지, 완벽주의 성향에 빠져 자신을 너무 혹독하게 대한 것인지 그 원인을 정확히 파악할 수 있어야 한다. 평소에 사소한 일이라고 지나치지 말고 반응하는 것이 중요하다. 자신의 감정을 억눌러 쌓아두거나 외면하면 안 된다.

회복탄력성을 키우는 것도 중요하다. 사람들은 누구나 강점과 약점을 가지고 있다. 내 안의 강점을 찾아 들여다보는 것은 교사로서의 자존감을 얻을 수 있을 뿐만 아니라 삶의 질을 높이는 일이다. 그래야 과정의 즐거움을 얻을 수 있다. 지치지 않는 힘은 자신을 끊임없이 아끼는 마음이다. 주변 사람들과 비교하며 차디찬 평가와 비난에 상처받지 않고 휘둘리지 않는 담대한 태도가 필요하다. 나를 얼마나 안다고, 일부분을 보고 던진 말에 절망하지 말고 내 인생을 좌지우지하지 못하도록 해야 한다. 그 사람의 말로 내 인생의 소중한 시간과 에너지를 소비하지 말아야 한다. 사람은 상황 속에서 살아가고 관계라는 맥락 속에서 존재하기 때문에 어떠한 관점을 어떻게 바라보고 인지하느냐에 따라 즐거워질 수도, 상처받기도 한다. 모든 사람이 똑같을 수는 없다. 나만의 색깔인 것이다. 나 역시 이러한 관점 바꾸기를 통해 내 마음의 평화를 찾을 수 있었다. 위기와 마주쳤을 땐 더욱 그렇다. 또 일상의 즐거움을 소중히 하자. 자기 자신과 평생토록 직면하면서 스스로에 대한, 자신의 인생에 대한 뚜렷한 주관을 가지고 치유를 통해 즐거움을 얻을 수 있다.

교사들은 수많은 상처를 받는다. 상처를 주는 사람과 맞서 싸우는 것도 필요하지만 상처받지 않도록 노력하고 스스로에게 쉼을 주어야 한다. 사랑에는 상처를 치유하는 힘이 있다는 것도 잊지 말자. 자신을 긍정하고 사랑할 수 있을 때 주변을 바라볼 수 있는 힘도 생기고 즐겁게 생활할 수 있다.

⑤

아이들에 대한 관심에서 전문가로 성장한다

김호의 『쿨하게 생존하라』을 보면 미생들에게 직장 다닌다고 직업이 생기는 것은 아니라는 말이 나온다. 직장과 직업은 언뜻 그게 그거인 것 같이 보이지만 엄연히 다르다. 직장은 자신이 몸담고 있는 조직이며 일하는 장소, 내 경우엔 '학교'다. 직업은 지식이나 기술, 경험을 바탕으로 하는 전문적인 일을 말한다. 직장을 떠나서도 할 수 있는 일이 있어야 직업이 있다고 할 수 있다고 한다. 그렇게 보면 내 직장은 '학교'고, 내 직업은 '보건교사'라고 할 수 있다.

내 직업을 위해 나는 간호사로서, 교사로서, 상담가로서의 전문성을 확보하는 것이 중요했다. 간호사로서는 간호에 대한 전문지식을 쌓았다. 병원이라는 현장에서 멀어지다 보니 매년 받는 간호 보수교육 이외에도 ELS 응급처치 전문자격증을 취득하면서 처치와 돌봄을 위한 역량을 키워나갔다. 그와 함께 성폭력 예방, 금연 예방 전문가로서의 연수와

교사로서의 교육기법을 배우고 교육자료를 만들어서 아이들에게 효과적으로 전달하고자 했다. 그리고 마음 아파하는 아이들의 마음에 공감하고 접근할 수 있도록 상담을 공부했다. 하고 싶은 것, 잘할 수 있는 것, 아이들에게 도움이 되는 것, 필요한 자료를 만드는 것에 대해 고민하는 시간이 오랫동안 이어졌다.

이러한 나의 노력은 하나씩 빛을 내기 시작했다. 그중에서도 교육자료전이 인상깊다. 아이들에게 좀 더 다가가고 싶어 만든 교육자료들이 수업에 매우 효과적이었는데, 우연한 기회에 선배가 '경기 교육자료전 대회'를 알려주어 출품하게 되었다. 첫해에 뜻하지 않게 1등을 했다. 이후 기회가 될 때마다 수업 연구를 위해 만든 작품들을 출품했다. 성폭력 예방을 위해 플래시 동화, 눈 건강, 흡연 예방, 인형을 활용한 보건교육,

건강체험중심 보건교육 등으로 전국대회 수상까지 하는 등 5회에 걸쳐 수상하게 되었다. 노력할수록 성취감이 들고 교육에 대한 자신감과 함께 재미도 쌓여 갔다.

아이들에게 효과적으로 접근하기 위해 다양한 멀티프로그램을 배우면서 새로운 교육자료를 만들어나갔다. 플래시, 포토샵, 일러스트레이션 등의 책을 구입해 옆에 두고 공부했다. 눈 건강에 대한 홈페이지를 만들어 자료를 올리고, 플래시를 이용해 목소리와 움직임을 넣어서 성교육 애니메이션 플래시 동화를 만들기도 했고, 체험을 활용한 보건교육에서는 아이들이 직접 체험할 수 있도록 흡연 볼링, 오르골 인형을 활용한 인형극 등 아이들이 재미있고 쉽게 직접 체험하고 활동할 수 있는 것들을 연구했다.

교육자료를 만들기 위해서는 교육내용을 이해해야 했기 때문에 교재연구가 필요했다. 연구는 자신의 실천 과정을 체계적으로 정리할 수 있는 기회가 되었다. 한 주제를 정하면 관련된 논문을 찾아보고 다른 교사들은 어떻게 접근했는지 어떠한 방법을 통해서 교육했는지를 알 수 있었다. 그다음에는 나의 주제에 맞게 이론을 정립하고 교육자료를 만들었다. 교재연구를 하면서 부족하다 느끼는 영역이 나오자 더 확장해서 전문적인 영역의 공부를 하고 싶었다. 그래서 외부 전문기관, 즉 양성평등진흥연구원이나 금연운동협회, 국가정보전염병, 상담심리 세미나, 학회 등 심도 있게 공부할 수 있는 곳을 찾았다. 이런 시간이 계속되자 특정 영역에 대한 지식과 정보, 이론이 쌓이고 교육의 질적인 성숙이 이루어짐을 느낄 수 있었다. 개인적으로 성장할 수 있었음은 물론이다.

연구는 일상생활을 늘 새롭게 느끼도록 해주었다. 매사 주제와 관련하여 생각하게 되고, 어떻게 하면 실생활에 연관시켜 아이들을 수업에 참여시킬 수 있을지 궁리하게 만들었다.

주변 교사들은 연구는 교수나 학자들의 몫이라거나 승진하는 데 필요한 것이라는 생각이 지배적이었다. 교육자료를 만들 때면 승진 기회가 없는 보건교사인 나에게 “승진할 것도 아닌데 그런 건 해서 뭐하려고?” 하고 물었다. “그냥 재미있어서 하는 거예요”라고 대답했다. 승진에 도움이 되든 안 되든 어떤 수업에 어떻게 자료를 적용할 것인지 연구하며 큰 틀을 짜고, 어떤 작품이 나올지 기대하는 삶은 나를 흥분하게 만들었다. 나중에 내가 만든 교육자료를 보며 재미있게 수업할 아이들의 모습을 떠올리면 더 신이 났었다. 그때 김영하의 『말하다』에 그냥 재미있을 것 같아서 한다며 ‘무용 無用한 것이야말로 즐거움의 원천’이라는 글을 읽었는데 크게 공감이 가더라. ‘무용한 것’이라는 경험은 인생을 풍요롭고 행복하게 해준다. 그것은 전문가로 가기 위한 한계점을 자연스럽게 넘기게 해주었다. 때로는 내가 무슨 부귀영화를 얻겠다고 이렇게 힘든 작업을 하나 싶은 생각도 들었지만, 그런 생각을 이기고 꾸준히 할 수 있는 건 재밌고 즐거웠기 때문이다.

10여 년이 지나고 보니 좋아하고 재미있어 한 일이 나를 교육자료와 보건교육의 전문가로 만들었다. 고학년 남아들에게서 음란물에 대한 심각성을 느껴 수업을 한 적이 있었다. 대구에서 발생한 성폭력 사건의 심각성을 느낀 교육부는 교육계가 각성할 수 있도록 교총 주관하에 음란물 예방 공개수업을 실시했다. 이때 내가 만든 교육자료가 사용되었는데, 이것이 YTN 등 신문매체에 보도되었다. 안산 조두순 사건이 터지자 '안돼요'라고 외치는, 아이에게 책임을 지우는 저항 중심의 교육이 아니라 성폭력을 당하지 않도록 안전한 환경을 만들어주자는 프레임의 교육을 했다. 이것은 《한겨레》 신문에서 기사화되었다. 저학년 성교육을 위해 인형 등을 활용하여 성폭력에 대한 행동의 감수성을 몸에 익힐 수 있도록 상황에 따른 역할극 방식으로 수업했다. 이것은 인천방송 OBS에서 수업사례를 안내하면서 방송되었다. 준비된 사람에게 기회가 온다는 말이 실감날 만큼 그동안 사용했던 교육자료들과 방법들에 대한 취재가 들어왔다.

주변의 인정과 함께 교육에 대한 책임감을 느끼며 더 깊이 연구에 몰입하던 시기였다. 그때 '경기교사연구년'이라는 제도, 즉 1년 동안 월급과 함께 연구비를 받으면서 학교 외에서 연구 활동을 할 수 있는 기회가 생겼다. 학교에서 벗어난 전문적인 교육을 갈망하던 나였기 때문에 너무 기뻤다. 스웨덴 학교현장에서 성인권이나 평등교육이 어떻게 진행되는지도 배울 수 있었다. 구성애 성교육, 탁틴내일여성, 수원여성교육원 등의 성교육, 성폭력 예방, 성인권 등 교육과 비폭력대화연수, 평화연수 등을 받을 수 있었다.

배우는 즐거움은 매일 나를 새롭게 태어나게 했고, 배움은 나를 변신시켰다. 배움은 고정된 사고에서 벗어나 나를 자유롭게 만들어주었다. 다양한 사람들의 의견을 알 수 있었고, 인생관과 세계관을 되돌아볼 수 있었다. 의심 없이 동조해왔던 사실과 진실이 진실이 아닐 수도 있다는 유연함을 배웠고, 그러기에 다른 사람의 이야기를 들을 수 있는 자세를 가지게 되었다. 나만의 전문분야를 깊이 연구함으로써 즐거움을 갖게 되었다. 나의 계발은 사람들을 이해하는 폭을 넓히고, 나에 대한 자신감을 주었으며, 뭔가를 만들어가는 힘이 되었다. 어떤 직업을 갖느냐가 아니라 내가 현재 있는 위치에서 어떻게 살아가느냐가 중요하다는 것을 알게 되었다. 어떠한 태도로 살아가느냐가 중요하다.

⑥

따뜻한 사람이 따뜻한 교사가 된다

내가 6학년이었을 때 담임 선생님이 바뀌었다. 교대 졸업 후 첫 발령지에 왔던 그 선생님은 항상 상냥하게 웃었고, 때때로 일요일에는 아이들을 불러 그 많은 아이들에게 떡볶기, 라면 등을 끓여주었다. 그때 처음 카레를 먹어보았던 나는 아직도 카레를 떠올리면 행복한 기분이 든다. 학예회 때 사람들 앞에 나서지도 못 할 정도로 수줍음이 많던 나는 그림자처럼 존재감이 없었다. 어느 날 우연히 단둘이 있게 되었는데 선생님은 "넌 참 귀엽게 생겼구나. 공부도 열심히 하겠는걸" 하며 말을 걸어주었다. 얌전하고 수줍음 많던 나도 그 선생님 앞에서만은 명랑해졌고 수다스러워졌다. 어떤 말을 해도 받아줄 것만 같았기 때문이다. 그리고 그 선생님의 말처럼 되기 위해 노력했다. 지금도 그 선생님을 생각하면 환하게 웃어주시던 모습이 먼저 떠오른다.

어떤 선생님 앞에서는 이유 없이 주눅이 들어 조용해지고, 어떤 선생님 앞에서는 이상하게 마음이 편안해져 까불기도 한다. 그 이유를 곰곰이 생각해보면 교사가 나를 어떻게 생각하는가에 따라 행동이 바뀌는 것 같다. '저 선생님은 나를 싫어하는 거 같아'라는 느낌이 들면 거리감을 두게 된다. 부모의 말과 행동이 되물림되는 것처럼 초등학교 1학년 때부터 고등학교 졸업할 때까지 가정보다 학교에서 더 많은 시간을 보내는 아이들에게 있어 교사의 말과 행동은 절대적인 영향을 끼친다. 자기에게 없는 것을 다른 사람에게 주기란 쉽지 않다. 교사의 따뜻한 말 한 마디와 행동 하나가 학생을 위로하고 변화시킨다. 교사의 영향력은 매우 크다. 어떠한 교사를 만나느냐에 따라 잃어버렸던 자신을 다시 찾기도 하고 때론 어긋난 길로 가기도 한다.

심리학자 알버트 메라비언은 사람의 호감과 비호감을 결정짓는 데 언어 외적인 요소, 즉 비언어적 표현이 중요하다고 말한다. 그는 대화하는 사람들을 관찰하여 상대에게 느끼는 호감의 순간을 포착하여 누군가와 첫 대면을 했을 때 상대에 대한 인상이나 호감을 결정짓는 요소를 분석했다. 그 결과 말의 내용이 차지하는 비중은 고작 7%라고 한다. 참고로 목소리는 38%, 몸짓은 55%(표정 35%, 태도 20%)의 영향을 미쳤다. 상대와 느낌 좋은 의사소통을 하는 데 말투나 표정, 눈빛과 몸짓, 손짓처럼 몸으로 표현되는 비율이 무려 93%의 높은 영향력을 가지고 있다는 결과다. 특히 웃는 얼굴, 열린 몸짓, 앞으로 기울이기, 적당한 신체 접촉, 눈길 나누기, 끄덕이기가 더 좋은 관계를 만들어준다.

이외에도 아이들을 행복하게 하는 데 가장 큰 영향을 미치는 요인은 교사가 하는 말, 즉 칭찬과 격려의 말이었다. 훈계나 꾸중보다 아이의

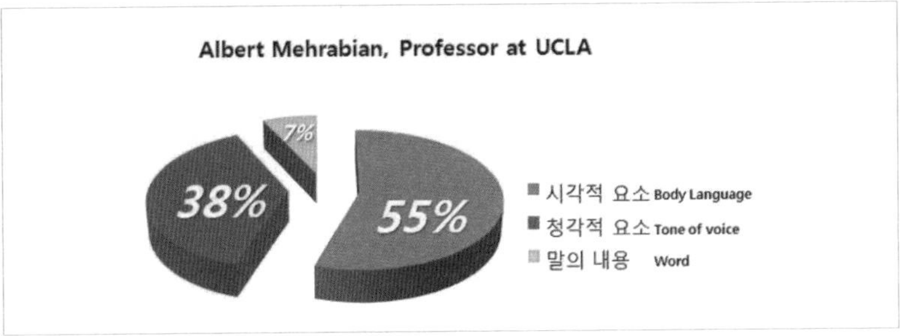

좋은 점과 있는 그대로의 모습을 인정해주는 칭찬과 격려가 아이를 행복하게 만든다. 칭찬은 "잘했네" 하는 언어적 행위만을 의미하지 않는다. 아이를 긍정하는 것부터가 시작이다. 따뜻한 미소와 말없이 토닥이는 몸짓도 칭찬이다. 아이들에 대한 긍정적 시선은 열린 마음으로 격려와 배려의 의미를 담고 있다. 이러한 따뜻한 반응은 아이들이 자신감을 얻고 친구들과 어울려 잘 지낼 수 있는 기반이 된다.

6학년 2학기가 되면 여학생들이 돌변하기 시작한다. 사춘기가 시작되면서 틴트는 기본이고 아이라인도 그리고 욕도 한다. 어느 날 한 아이가 보건실에 와서 생리하는데 냄새가 나는 것 같다며 향수를 빌려 달라고 했다. 참말인지 아닌지는 모르겠지만 향수를 쓰지 않기에 "향수 대신 소독약이라도 뿌려줄까?"라며 농담을 건네자 피식 웃으며 돌아선다. 도대체 누구인지도 못 알아보게 화장을 진하게 하는 아이에게도 "이쁜 얼굴 피부 상하겠네"라고 슬쩍슬쩍 관심 어린 잔소리를 한다. 아이들의 행동이 거칠어지고 화장이 진해질수록 그만큼 주변 사람들에게 상처를 받아 그 불안함을 이렇게 표현하는 것이라는 것을 알기에 오히려 안쓰럽다. 아이들은 자신을 비난하는 것이 아니라 걱정해주는 반응에 행동이 조금은 부드러워진다.

아이들을 긍정적으로 보는 것이 중요하다. 사람은 생각보다 더 믿을 만하다. 아이들을 믿을 수 없다면 아이들과의 관계는 행복해지지 않는다. 아이들에게 일어난 일의 결과를 쉽게 단정하지 말아야 한다. 아이들은 교사가 자신에게 거는 기대나 신뢰감 등을 느낀다. 교사의 눈빛과 말씨, 행동에 그대로 드러나기 때문이다. 특히 교사가 어떤 사람이냐에 따라 한 아이의 인생에 큰 영향을 주는 시기라 더 신중해야 한다. 교육은 교사의 인격과 학생의 인격과의 접촉이다. 아이가 부모의 행동을 하나하나 따르고 모방하듯이 교사 역시 모범의 대상이 된다.

일부 교사들은 좋은 성적이 학생을 성공으로 이끌어 행복하게 만들 것이라 착각한다. 맞는 말이지만 오직 성적만이 그런 작용을 하는 것은 아니다. 교사가 왜 요즘 비판받나를 생각해보면 아이들 개개인의 삶과 상처에 주목하기보다 성적으로 아이를 판단하고 평가해왔기 때문일 것이다. '진정한 교사란 무엇인가?'라는 질문에 나는 '인간적인 교사'라고 답한다. 교사가 되기 전에 먼저 인간이 되어야 한다는 말이 있듯이 교사는 인간 됨됨이가 제대로 되어야 한다. 아이들은 자신을 따뜻하고 긍정적으로 바라보는지 아닌지를 대번에 안다. 주변에 따뜻한 교사를 보면 내 마음도 따뜻해져서 나도 어떻게 하면 아이들을 따뜻하게 대할 수 있을까 반성하게도 된다. 아이들의 관점에서 바라보면 세상이 바뀌었다. 세상이 바뀌자 내 아이가 소중하듯 보건실에 오는 아이들 한 명 한 명이 다 소중하게 느껴졌다. '이 아이도 그 아이의 엄마에게는 가장 소중한 아이일텐데 거기에 아프기까지 하면 마음이 얼마나 아플까?' 하는 마음이 들자 더 따뜻하게 바라볼 수 있었다.

목소리가 예쁜 사람보다 이쁘게 말하는 사람이 좋고, 손이 따뜻한 사람보다 눈빛이 따뜻한 사람이 좋다는 말이 있다. 나 역시 아이들을 포근하게 감싸안을 수 있는 사람이 되고 싶다. 잘난 사람보다 멋진 사람보다 마음이 따뜻한 사람이 되고 싶다. 수업 잘하는 교사보다 20년이 흘러도 따뜻하게 웃어주던 교사가 더 기억나는 것은 사랑이 남아 있기 때문일 것이다. 아이들과 씨름할 것인지, 함께 춤을 출 것인지는 아이를 바라보는 관점에 따라 달라진다. 당장은 많이 부족해도 아이의 재능과 잠재능력을 믿는 교사는 그 아이에게 평소보다 훨씬 많은 관심을 쏟게 될 것이다. 따뜻한 눈으로 한 아이를 바라보는 관심은 그 아이를 바르게 성장시킨다. 그래서 교사에게는 사람을 따뜻하게 바라보는 시각이 필요하다. 따뜻한 사람이 따뜻한 교사가 된다.

7

성장하는 아이와 함께 있는 교사는 행복하다

내가 근무하던 학교 바로 옆 학교에서 초등학생 3학년 아이가 자살하는 사건이 있었다. 채 100미터도 떨어지지 않은 바로 옆 학교였는데, 부모가 방학숙제를 하지 않았다고 혼내자 아파트에서 떨어져 죽었다. 늘상 성적이나 스트레스로 죽고 싶다고 하는 아이들을 보기도 하고, 손목에 자해하는 아이들도 보았지만 바로 옆에서 현실이 되어 자살이라는 극단적인 선택을 하는 사건은 가슴을 쿵하게 만들었다. 우리 학교에서는 절대 이런 사건이 생기지 않으리라 확신할 수 없어서 이후 더 주의 깊게 아이들을 살피게 되었다.

객관적으로 우리 사회는 더 풍족해졌지만 우울증과 자살률은 늘었다. 2003년 이후 계속 OECD 회원국 중 자살로 인한 사망률 1위 자리를 지키고 있다. 과거와 달리 마음이 아픈 아이들 역시 점점 늘어난다. 끊임 없이 노력을 요구하는 사회는 늘 과한 것을 강요했고 그것은 아이들이 대상이어도 마찬가지였다. 성적이 좋은 아이가 가정에서 학교에서 사회적으로 높은 평가를 받았고, 결국 그 스트레스는 불안, 초조, 분노, 공격성으로 드러나고 있다. 성적이 낮은 아이들은 자신의 역할을 제대로 해내지 못했다고 생각하고, 자신을 가치 없다 생각하며 스스로를 상처 낸다.

흔히들 행복해지려면 부자가 되고 사회적으로 성공해야 한다고 말한다. 트리나 폴러스의 『꽃들에게 희망을』에 나오는 호랑애벌레가 다른 애벌레를 무참히 짓밟으며 올라가듯이 계속해서 더 공부하고 더 일하고 더 성취하라고 한다. 그 끝에 도착했을 때 아무것도 없음을 알고 망연자실했던 주인공처럼, 살아보니 전에 비하면 모든 것을 가졌다고 생각하는데도 행복하지 않더라. 아이들이 행복하기 위해서는, 내가 행복해지기 위해서는 뭐가 필요할까 고민하다 행복해 보이는 사람들을 살펴보았다. 어떤 사람이 행복한가? 어떤 사람들은 남들이 부러워할 많은 것을 가졌지만 전혀 행복해 보이지 않았다. 오히려 더 불행해 보였다. 그런데 행복하지 않을 환경임에도 행복해 보이는 사람들도 있었다. '나 같으면 저런 환경에서 행복하기 쉽지 않을텐데 어떻게 저 사람은 행복할까?'

연구년일 때 선진 교육을 탐방하기 위해서 행복국가 상위를 차지하고 있는 북유럽 3개국을 다녀왔다. 교육환경이 잘 되어 있고 인테리어가 세련된 나라들로 인식되는 노르웨이, 핀란드, 스웨덴은 나에게 신선한 충격을 주었다. 노르웨이는 세계에서 세 번째로 부자지만 어디에서도 돈 자랑을 하는 사람을 찾아볼 수 없었다. 오히려 돈 자랑하는 사람

을 형편없는 사람이라고 생각하는 분위기였다. 우리나라 사람이 이곳에 와서 커다란 차를 사고 비싼 집을 사서 자랑하자 이웃들이 그들을 피했다는 이야기를 들었다. 이곳에서는 '얀테 법칙' 즉 내가 다른 사람보다 특별히 더 우수하고 소중한 존재라고 여기지 않는다는, 내가 다른 사람보다 더 많은 것을 가졌다고 자랑하지 않는 평등의식을 아주 중요하게 여긴다.

누가 자신보다 더 좋은 직장에 다니는지 절대 남에게 으스대지 않으니 무슨 일을 하는지도 모르고 지냈으며, 어떤 사람에게 박사니 의사니 선생님이니 하는 호칭을 붙여 부르지도 않았다. 스웨덴과 핀란드도 그랬다. 삶을 작은 일상 속 시간들의 합으로 생각하여 너무 거창한 목표를 세우지도 않고 너무 복잡하게 살지도 않는다. 무엇보다 주변 사람들과 함께 좋은 관계를 맺으면서 조화로운 공존을 중시한다. 서로를 배려하고 친절하게 대하려 애쓴다. 아이들의 얼굴에는 행복감이 넘쳐 흘렀다. 그들은 성공해야만 행복하다는 신화가 매력적이긴 하지만 실제로는 존재하지 않는다고 말했다. 지위나 명예, 부 없이도 지속가능한 행복이 존재한다는 사실을 깨닫게 해주었다. 아이들은 성적이 좋든 아니든, 집이 부자든 아니든, 부모가 사회적으로 높은 지위에 있든 아니든, 누구나 평등하게 행복해했다.

철학자들은 행복에는 주관적 행복과 객관적이 행복이 있다고 말한다. 객관적으로는 흔히 말하는 성공과 성취를 들 수 있다. 남들이 누구나 부러워하는 돈이나 높은 성적, 직업, 명예 등 눈에 보이는 것들이다. 그러나 이게 다가 아니라 주관적인 만족과 사고의 기술이 필요하다. 감사하고 낙천주의적인 태도, 상상 등의 만족은 뭔가를 성취함으로써도 마음가짐으로도 얻을 수 있다. 둘 중 어느 하나만 있다고 행복한 것은 아니다. 긍정심리학자 마틴 셀그리만은 "삶의 의미란 누군가와 유대감을 느끼고 타인을 위하여 봉사하며 자신 안에 있는 최고를 이끌어내는 것이다. 삶의 의미를 갖는 사람들은 회복력이 있고, 더 잘 지내고, 오래 산다"고 했다. 자신 안의 최고를 끌어내는 힘인 행복은 만족과 자아실현에서 찾았다. 주관적 행복에만 전념하면 객관적인 성장의 기쁨이 차단된다.

특별한 사람만 자아실현을 하는 것이 아니다. 사람들은 뭔가 배울 때 가장 행복하다. 자신이 성장하고 있다는 느낌 때문이다. 성장은 사람을 행복하게 해준다. 자신의 잠재력을 펼칠 수 있도록 하는 것이 행복으로 가는 길이다. 만족만을 요구하는 삶은 성장하지 않는다. 만족하면서 부정하는 삶 즉 전진할 수 있는 성장의 힘이 필요하다. 불평하고 책망하고 부정하는 것에 에너지를 다 써버리면 막상 자신에게 쓸 힘이 없어진다. 자신을 펼치기 위해서는 자신을 긍정하면서 부정하는 자세가 필요하다. 현실에 불만을 가질 때, 개선해야 한다고 느낄 때 성장한다. 내 안에 있는 것에 감사하면서 현실을 개선할 때 성장할 수 있다. 그 성장이 행복으로 이끌어준다.

사회적으로 요구하는 성적을 좇으면 행복하기 쉽지 않지만 스스로의 성장을 위해 공부하는 아이는 행복하게 더 열심히 노력하게 된다. 아이는 자신의 삶에 긍정적이고 적극적으로 참여하며 정서적 안녕을 이룬다. 더 적극적으로 자신의 삶을 살아가게 된다. 따라서 이제까지 생각했던 방식이 말하는 것처럼 성공이 먼저가 아니라 행복이 먼저다. 성적으로 성공으로 대변되는 성적 지상주의의 덫에 빠지지 말고 아이만의 목표를 설정하는 성장을 지향해야 한다.

어른들이 해주어야 한다. 아이들에게 스스로를 존중할 수 있는 힘, 자기존중감을 주어야 한다. 초등학교 때 집중적으로 키워지는 자존감을 키워주어야 한다. 많은 시간을 학교에서 보내고 있다. 학년이 올라갈수록 아이의 자존감을 키워주는 것은 학교다. 성적으로 아이를 판단하는 것을 이제 그만 멈추고, 아이의 가능성을 믿고 존중해주어야 한다. 수업뿐만 아니라 인격적으로 성장할 수 있도록 도와야 한다. 교사와 친구들이 자존감을 키워주는 문화가 되어야 한다. 모두와 좋은 관계로 살아갈 수 있도록 도와주어야 한다. 그게 우리 어른이 할 일이다.

행복한 아이들, 행복한 교사들의 베이스캠프
: 나는 보건 교사다

SCHOOL BUS

6부

교사라면
꼭 알아야 할
학부모 갈등 해결 매뉴얼

1

응급상황 발생, 단계별 대체 방법을 숙지하라

아이들이 많은 시간을 보내는 학교는 위험한 상황에 놓일 수 있다. 학교 공간이 아니더라도 체험학습이라든가 아이들이 활동하는 곳은 어디든 사고의 위험이 있다. 작게는 조그마한 가시부터 크게는 심장마비까지 아이들의 생명이 오간다. 초기 대처에 따라 아이들의 예후는 매우 달라지며, 그러기에 응급처치는 중요하다. 특히 위급한 상황에서의 판단력은 매우 중요하다. 아이가 다쳐서 오면 경험이 제법 쌓인 지금도 매번 긴장이 된다. 담임교사나 아이들은 당연히 당황스러워 한다. 의료인으로서 침착하게 처리해가는 나와 달리 주변 사람들은 흘러내리는 피를 보기만 해도 놀라거나 기겁하는 등 사고에 대해 큰 반응을 보인다.

사고 발생 시에는 침착하게 상황을 정리해야 한다. 위급의 정도를 파악하고 119를 먼저 불러야 하는지 학부모를 불러야 하는지를 판단하는 것이 중요하다. 정확한 판단력이 필요하다. 그 판단력은 보건교사뿐만 아니라 일반 교사에게도 요구된다. 아이들은 운동하다가 많이 다친다. 어느 학교에서는 아이가 운동 중에 쓰러졌는데 심폐소생술을 제때 하지 못해 문제가 된 경우도 있었다. 매년 교육을 받아도 현실에서는 상황에 따라 달라지는 위험한 변수가 훨씬 많다. 요즘은 교사나 보건교사들도 소송에 대비하기 위해 보험이 필요할 정도로 학부모와의 의료소송이 문제가 되고 있다.

응급정도에 따라 분류를 시작한 최초의 의사는 도미니트 장 라레이였다. 그는 전장에서 다친 사람을 전투가 끝날 때까지 기다리지 않고 곧바로 처치할 수 있도록 '트리아주 태그'라는 분류 카드를 만들었다. 치료의 우선순위를 정하여 응급환자를 체계적으로 분류해 완치율을 높였다. 검은색 카드는 가망이 없는 환자로 사망까지 진통제만 투여했고, 붉은색은 당장 치료하지 않으면 생명이 위험한 환자로 최우선으로 즉각적인 구호조치를 했다. 노란색은 구호조치가 지체되어도 생명에 지장이 없는 부상, 초록색은 경미한 부상 상태를 나타낸다.

응급 분류체계에 따라 위급을 판단하고 병원으로 후송한다. 생명이 위급한 경우 생명을 구하고, 2차 손상이나 불구를 예방하고, 회복 기간을 줄인다. 통증으로 힘들어하는 아이에게는 동통을 줄여주어 편안하게 만든다. 학교 내에서 발생하는 응급환자에 대하여 신속하고 체계적으로 대처하여 환자 및 안전사고 발생 시 사안을 최소화시킬 수 있어야 한다. 분류의 기준은 이렇다. 기도폐쇄, 숨을 쉬지 않거나 1분에 30번 이상 숨을 쉬는 호흡곤란, 맥박이 약하거나 없을 때 출혈이 심한 경우, 의식이 없을 때, 개방골절인 경우, 응급수술을 요하는 경우 등 생명에 위험한 증상은 붉은색으로 분류한다. 특히 발생하는 즉시 처치해야 하는 심폐소생술이나 하임리히법 등은 매우 중요하기 때문에 요즘에는 모든 교사가 의무적으로 1년에 한 번씩 응급처치에 대한 교육을 받는다.

최근 알레르기나 천식으로 아나필락시스 쇼크, 소아당뇨 인슐린 쇼크로 사망에 이르는 사건이 문제가 되면서 응급처치 시 투약에 대한 논의가 오가고 있다. 음식, 약, 곤충 등에 대한 아나필락시스 쇼크는 에피네피린으로 쉽게 생명을 구할 수 있다. 또 스트레스나 과한 운동 등으로 인한 저혈당이나 고혈당으로 일순간 생명을 잃게 되므로 소아당뇨 아이들이라면 인슐린을 주사해야 한다. 그러나 현실은 응급상황에서 의사의 지시 없이 투약할 수 없다는 규제가 있기 때문에 대처가 힘들다.

이를 개선하기 위해서 보건교사가 응급주사제를 처치할 수 있도록 최근 법이 바뀌었다. 아이의 심각성에 따라 대처가 다르다. 위급상황이라고 판단되면 보건교사는 응급처치를 하면서 동시에 119에 연락해야 한다. 때론 다른 이송병원 구급차량, 교직원차량 등의 방법을 모색해야 한다. 병원 이송 시 보건교사는 반드시 동행해야 한다. 수술할 가능성이 있기 때문에 물, 약물 등 경구투여는 금지한다. 위험한 정도에 따라 담임교사도 함께 간다. 병원에 가야 할 상황에 담임이 빠지면 나중에 책임소재을 두고 부모의 민원제기가 생길 수 있다.

환자발생 및 후송방법은 학교별 보고체계에 따라 보고한다. 담임교사는 부모에게 연락한다. 보건교사와 담임교사가 병원으로 후송한다. 병명과 사고가 일어난 사건 개요를 육하원칙에 따라 사건, 시간, 장소, 사고 상황 및 환자 상태, 응급처치 내용을 적는다. 보건교사는 사건의 시간과 장소, 관련된 행동, 관계자 등의 확인, 신체 부분의 상해, 응급처치 상황, 어떤 일이 발생했는지에 대한 상세한 기술, 의학적 진단, 회복된 날을 적도록 해야 한다.

아이 상태가 위급하진 않지만 병원으로 이송해야 하는 경우는 경미한 부상염좌, 단순골절, 고열, 단순외상 등에 해당된다. 응급처치 후 담임교사에게 전하여 학부모에게 연락한 후 병원으로 이송토록 안내해야 한다. 의료기관 선택은 학부모 의사에 따른다. 수업 중에 일어난 사건인데 학부모가 당장 학교에 오지 못한다면 보건교사가 함께 아이를 데려간다. 그러나 오후 수업이 없는 시간에는 담임교사가 병원에 가는 것이 좋다. 아이가 응급은 아니지만 다치거나 병원에 가야 할 정도인데 내 아

응급환자 이송 및 진료 기록지	결제	담당	교감	교장

학년 반	성명	발생일시	운송시간
사고경위 및 후송사유	〈사건장소, 환자상태 등〉		
응급처치 내용			
후송 방법 및 절차	〈후송시간, 후송병원, 후송자, 차량운전자, 후송차량종류, 응급처치 등〉		
후송 결과			
안전공제신청 여부			
비고	〈회복한 날짜 등〉		기록자 인

※ 기록 : 안전사고 발생시 환자상태, 사고현황, 응급처치 내용 및 이송상황에 대하여 육하원칙에 의거 기록
① 사건의 시간과 장소 ② 관련된 행동 ③ 관계자 등의 확인 ④ 신체부분의 상해 ⑤ 응급처치 상황
⑥ 어떤 일이 발생했는지에 대한 상세한 기술 ⑦ 의학적 진단 ⑧ 회복된 날

이가 아픈지도 모르는 담임이라면 서운할 것이다. 학부모의 반응을 보면 작은 조치가 결과적으론 '하늘과 땅 차이'를 보이는 경우가 허다하다.

진료비에 대해서는 학부모와 연락이 되어 동행할 경우에는 학부모가 지불하고, 학부모와 연락이 안 될 경우에는 후불로 처리한 후 학부모에게 연락한다. 상황에 따라 학교카드로 지불했다면 영수증을 첨부하여 학부모에게 청구한다. 학부모는 우선 지급한 후에 수업 및 학교활동 중에 일어난 사고에 대해서는 치료비를 청구할 수 있다.

응급환자 발생 시 신속한 응급처치 및 후송체계를 확보하여, 응급환자의 원활한 처치 및 후송으로 생명을 구하고 증상의 악화를 방지하여 후유증을 최소화하기 위한 것이 목적이다. 아이들과 함께하는 교사라면 학교 내 응급환자 발생 시 신속하게 대처하고, 심폐소생술을 익혀 환자를 소생시키거나 전문 의료진이 도착할 때까지 생명을 유지시킬 수 있는 안전교육을 꾸준히 받아 도와주어야 한다.

②

사고일지, 법적증거물을 기록하라

아이를 치료하면서 보건일지에 학년, 반과 이름을 적으면 왜 적냐고 묻곤 한다. 보건일지는 아이들의 건강상태나 아이들이 오는 횟수, 어디가 아파서 오는지를 볼 수 있는 기본자료다. 초등학교 졸업 후 2~3년이 지나고 나서 학부모가 보건일지를 요구할 때도 있다. 아이가 중학교에 갔는데 그전에도 자주 보건실에 방문했는지, 어떠한 증상으로 왔는지에 대해 알고 싶다고 했다. 나중에 보니 학교폭력과 관련된 증거물이었다. 특히 요양호자의 상태나 안전사고, 학교폭력 아이들의 상태를 파악할 수 있는 초기 진료 기록이기에 중요하다.

어떤 학교의 1학년 아이가 수업을 마치고서 곧장 귀가하지 않고 학교 앞의 편도 1차선 도로를 반대쪽으로 뛰어 건너다가 승합차에 치어 그 자리에서 사망했다. 학부모는 담임교사에게 책임을 물었으나 교사는 평소에도 수시로 교통안전교육을 실시했고 안전에 대해 주의를 주었으므로 관리감독상 중과실을 인정할 수 없다는 판결을 받았다. 어떤 고등학교에서는 아이가 실험 실습을 하다가 가위를 던져 다른 학생의 눈을 찌르는 사고가 발생했다. 교육활동과 관련하여 발생되는 안전사고 말고도 학교폭력으로 사고가 나기도 한다. 치고받고 싸우다가 다치면 어쩔 수 없이 보건실에 오게 되는데, 사건이 큰 경우에는 학생들의 부모를 학교로 오도록 해야 한다. 피해상황을 보고 수습해야 하는데 피해를 당한 학부모들의 경우에는 신경이 곤두서 있다. "도대체 수업시간에 어떻게 지도하길래 아이가 저런 돌발행동을 하느냐, 저렇게 위험하고 충동적인 아이를 어떻게 같은 학급에 배치할 수 있느냐, 우리 아이가 받은 정신적 충격은 어떻게 보상할 것이냐?" 등 목소리를 낸다. 상처가 적은 아이가 본의 아니게 가해자가 되는 일도 있다. 학부모가 학교를 신뢰하지 못하고 아이를 귀하게 여기는 만큼 사고에 대해 민감하게 반응한다.

교사는 안전사고 예방을 위해 늘 주의해야 한다. 호기심 많고 충동적인 아이들의 교육활동을 어떻게 일일이 보호하고 감독할 수 있냐고 항변할 수 있겠으나 예측가능한 요인을 제거하면서 할 수 있는 범위 안에서 최대한 예방 활동을 해야 한다. 일단 안전사고가 발생하면 침착하고 신속하게 행동한다. 학생들은 쉽게 흥분하고 동요되기 마련이다. 따라서 교사는 최대한 이성적으로 행동해야 한다.

학생들이 있는 곳에서는 언제 어디서나 크고 작은 사고가 일어난다. 이러한 사고에 대해 학교에서는 '안전공제회'라는 보험으로 보상처리를 해준다. 학교에 보상 보험제도가 있다는 것을 학부모에게 안내한다.

학교안전사고에 대한 공제급여 대상자 및 보상범위가 확대되었다. 사고 발생 통지의 의무, 학교안전사고 중 의료기관의 치료가 필요하다고 판단되는 사고에 대하여 발생 후 7일 이내에 안전공제회에 통지해야 하며 통지하지 않은 사고는 보상하지 않는다. 기간이 지났을 경우에는 지체사유서를 작성하여 보내면 사고에 대해 심의한 후 처리한다. 개인적인 보험이 있다면 어느 쪽의 보상범위가 더 큰지를 선택하여 둘 중 한 가지만 선택해야 한다. 가정에서 아이 보험을 가입하는 경우가 많으므로 먼저 확인하자.

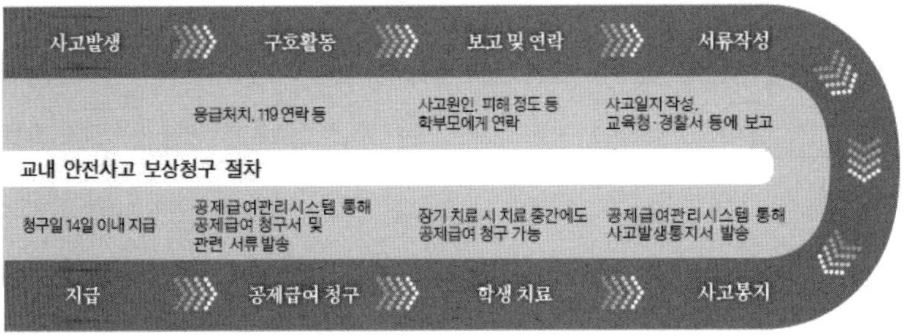

교육활동 중에 발생한 사고로 학생, 교직원 또는 교육활동 참여자의 생명 또는 신체의 피해를 주는 경우 보상해주는 보험제도에 대해 좀 더 자세히 알아보자. 먼저 보상 장소다. '학교'라는 장소에 국한되지 않고 학교 밖에서 하는 체험활동, 수학여행 등도 포함된다. 자전거, 도보, 차량 경로 등 학교 등하교에 관련된 경로일 경우 지급대상이 된다. 통상적이지 않은 방법인 오토바이, 롤러스케이트, 스케이트보드 등을 이용한

등하교이거나 부모가 학생을 자전거 뒷좌석에 태우고 가다 발생한 사고, 담을 넘거나, 문이 아닌 다른 통로를 이용한 출입, 통상적이지 않은 경로로 이동하다 발생한 사고, 다른 목적지 즉 놀이터나 학원 등에서 발생한 사고나 통상의 통학시간보다 많은 시간이 지난 후 발생한 사고 등은 지급대상에서 제외된다. 학교활동과 관련한 사건일 때만 지급된다.

대상으로는 학생, 교직원, 교육활동 참여자가 해당된다. 학부모의 경우 학교운영위원이 학교장 요청에 따라 학교 행사에 참석한 경우 해당된다. 학교에서 운동회날 학부모 계주를 할 때 넘어지는 등 작은 사고가 많이 발생하는데, 뛰다가 넘어지면서 발목에 무리가 가거나 골절까지 이르는 경우가 있다. 학부모가 1일 교사로 와서 수업하다가 교육과정 중 화상을 입을 수도 있다. 이럴 때 학부모도 안전공제가 되는지 묻곤 하는데 된다! '교육활동'이란 학교의 교육과정 또는 학교장이 정하는 교육계획 및 교육방침에 따라 실시되는 활동이므로 학교의 교육과정 중에 교육활동과 관련된 일이거나 요청한 것을 확인할 수 있는 근거가 있다면 가능하다.

학교운영위원이 학교장의 요청에 따라 교육활동에 참여하다가 안전사고를 당한 경우는 교육활동참여자에 해당하므로 공제급여를 청구할 수 있다. 학생이 방과후활동으로 컴퓨터 교육을 받던 중 부상을 당했다면 이는 교육활동 중 발생한 사고이므로 보상받을 수 있다. 그러나 학원 강사라면 해당되지 않는다. 학교와 위탁계약을 맺고, 정당한 대가를 받고 교육을 실시한 것이기 때문에 학원에서 가입한 산업재해보상보험으로 보상받아야 한다.

사고 접수는 사건의 현장에 있었던 교사가 한다. 교과 시간에 발생한 경우 교과담당교사, 그 외 시간에는 담임교사가 사고경위서를 작성하며, 공제회 공제관리시스템에 들어간 후 학교마다 부여된 ID와 비밀번호로 접속하면 된다. 초기화면 - 사고통지 사고통지서 작성 시 학교장 이름을 입력하는 확인자란은 비워두고 교감 이름까지만 입력하고, 확인자란의 교장 이름을 제외한 나머지 사항을 모두 입력한 뒤 확인을 클릭한다. 사고 개요에 대해서는 "○○○ 학생은 2009년 2월 12일, 14:00, 5교시 체육시간에 축구를 하던 중 마주 뛰어오던 학생과 부딪치면서 뒤로 넘어져 팔목이 골절되는 부상을 입었다"처럼 육하원칙에 따라 작성한다. 사고현황의 사고통지 목록에서 사고 학생을 선택한 후 인쇄, 사고발생통지서를 출력하여 교감, 교장 선생님 사인을 받는다. 학교장 이름은 학교장이 직접 써야 하며 결재한 출력물을 제출한다. 결재 후 다시 사고현황의 사고통지 목록에서 사고 학생을 선택한 후 수정에서 학교장 이름을 입력하고 확인 버튼을 누르면 사고가 접수된다. 치료가 종결되면 학부모에게 필요한 서류를 받아 보낸다.

공제급여 청구 시 필요한 서류 및 사항은 학부모에게 받는다. 6인실 이하 병실 사용료 및 비급여 대상 항목은 치료비 지원에서 제외된다는 것을 알려주어야 한다. 치료금액이 50만 원 이상이면 진단서, 주민등록등본, 영수증(병원, 약국, 입퇴원 등) 원본이 필요하다. 학부모 은행통장 사본, 도장, 학부모 연락처(집 전화, HP, e-mail), 치과진료의 경우 향후 치료비 추정서를 제출한다. 단, 사실 관계가 명확하여 분쟁의 소지가 없는 50만 원 이하의 사고 시 학교장의 책임하에 주민등록등본 및 학부모 날인을 생략할 수 있다. 청구서를 작성하고 결재하여 안전공제회에 송부하고 보상금액이 확정된 후 15일 이상이 지나면 학부모 통장에 직접 입금된다. 수업과 직접 관련하여 본인의 큰 과실 없이 발생한 사고는 전액 보상, 본인 과실이 있거나 쉬는시간에 발생한 사고는 20% 이상을 공제하여 보상한다. 초등학교 6학년의 경우 중학생이 되거나 할 때 2~3년 동안 추후까지 계속 유지된다.

보상범위는 사고 치료비와 약값 이외에도 치아가 부러지거나 빠지는 등의 사건이 많이 일어나는데 금액이 비싼 치아치료에 대해 치아보철비는 치아 1대당 40만 원의 범위 내에서 2회에 한하여 지급한다. 또한 임플란트는 1대당 2백만 원의 한도 내에서 담당의사의 의학적 소견이 있는 경우에 한하여 인정할 수 있다. 건강에 필요한 물품도 지급되는데 안경과 보청기는 해당 사고 이전에는 착용하지 아니하다가 해당 사고로 인하여 착용하게 된 경우 1회에 한하여 지급한다. 화상 반흔, 변형 등의 수술은 신체기능에 장애가 있거나 타인에게 혐오감을 주는 경우에 2회 이내로 할 수 있으며, 성형수술이 필요한 경우 1회에 한하여 인정한다.

또한 학교폭력 발생 시에는 가해자 우선 배상을 하고, 학교폭력대책자치위원회의 중재를 통해 해결하며 가해자가 피해금액을 지불하지 않을 경우 자치위원에서 피해학생에 내린 보호조치에 따라 발생한 치료금액에 대해 공제회 피해금액을 신청한다. 심사 후 피해금액 지급 및 가해자에게 구상 청구한다. 지원범위로는 교육감이 정한 전문심리상담기관에서 심리상담 및 조언을 받는 데 드는 비용을 2년간 지급할 수 있으며, 교육감이 정한 장소에서 일시보호를 받는 데 드는 비용은 30일까지

가능하다.

보상도 보상이지만 아이들이 사고가 나지 않도록 안전교육을 선행해야 한다. 사고가 일어났을 때의 신속한 처리는 두말할 것도 없다. 안전사고도 사람들 간의 일이라서 상호간의 이해가 있을 때 원활하게 해결된다. 그렇지 않으면 학부모와 소송까지 가는 등 법적인 단계까지 가곤 한다. 미리 조심하는 게 상책이다.

③ 등교중지, 법정 감염병에 대처하라

우리 주변에서 흔히 볼 수 있는 전염병은 수두, 볼거리, 유행성 결막염, 그리고 계절마다 찾아오는 신종플루가 있다. 어느 날 갑자기 보건실에 눈이 빨갛게 변하고 아프고 눈물과 눈곱이 많아지는 아이들이 늘어나더니 점차 눈병이 확산되었다. 한 아이가 결석한 후 하루 이틀이 지나면 그 주변 아이들이 모두 등교중지가 될 정도로 전염성이 높다. 웃지 못할 일이지만 인근 중학교에서는 눈병 걸린 아이가 학교에서 영웅이 되었다고 한다. 학교 가기 싫은 아이들이 눈병 걸린 친구의 눈곱을 500원에 사서 손에 문지른 후 자신의 눈에 문질러 전염시킨 사건이었다.

처음엔 후유증을 알기에 아이들을 도저히 이해할 수 없었다. 눈에 눈곱이 덕지덕지 끼고, 눈물이 주룩주룩 흐르고, 눈이 따가워 뜰 수조차 없이 괴롭고 아픈데 그렇게 해서라도 학교만 안 갈 수 있다면 하는 마음을 생각하니 안타까웠다. 온 집안 식구들에게 옮겨 모두 고생을 하는 한이 있더라도 학교 가는 것보다는 낫다는 것이다. 감염병으로 목숨까지 왔다 갔다 할 수 있으니 각성이 필요하다. 2003년 사스가 홍콩을 뒤엎어 TV를 통해 거리마다 사람들이 마스크를 쓰고 다니는 모습을 볼 때만 해도 저렇게까지 해야 하나 싶었다. 그러나 신종플루나 메르스 등이 우리나라에까지 확산되자 전염병의 심각성을 알게 된 사람들은 모두 마스크를 착용했으며 사람 많은 곳을 피했고 사람들과의 약속도 취소하고 손잡는 것도 피했을 정도였다.

무엇보다 빠른 차단이 중요하다. 흔히 감염병은 호흡기, 소화기, 피부로 감염된다. 확산이 빠르고 쉬운 것은 호흡기 감염증이다. 유행성 독감, 결핵, 홍역 등 기침할 때 나온 콧물이나 침방울 등이 공기 중에 떠돌아다니다 전파된다. 소화기 감염증은 장티푸스, 콜레라, 세균성 이질 등 병원체에 오염된 음식, 물, 그릇 등을 통해 입속으로 직접 들어간 후 우리 몸의 소화기관을 통과하면서 그 수가 늘어나 병이 생긴다. 또한 파상풍이나 일본뇌염, 말라리아, 페스트 등 피부접촉이나 뭔가에 물려서 전파되기도 한다.

그중 호흡기 감염병인 신종플루, 메르스 등 해마다 새롭게 바뀌는 독감은 모두를 불안에 떨게 한다. 공중보건과 백신의 개발로 그 수가 줄기는 했지만 면역수준이 비교적 약한 아이들이 집단생활을 하는 학교는 감염병에 대해 안심할 수 없다. 수족구, 독감, 수두 같은 전염병은 가정에서보다 학교 등 집단생활을 하는 아이가 2배 이상 높게 감염된다. 매년 반복적으로 발생하는 눈병과 2009년 신종플루 사태를 보더라도 여전히 위험하다.

질병관리본부와 보건교사회가 2013년도에 학생들이 걸렸던 질병들에 대해 조사한 결과 가장 흔하게 걸린 감염병은 감기였다. 수두, 볼거리라 불리는 이하선염, 결막염 등이 뒤를 이었다. 초등학생들에게는 수두가 가장 잘 걸리는 질병이었고, 중학교는 결막염, 고등학교는 볼거리가 가장 많았다. 계절별로는 봄가을에 수두와 볼거리, 여름엔 결막염이다. 질병에 걸리면 학교수업과 활동을 할 수 없게 되므로 전염되지 않도록 예방에 힘써야 하고, 전염되었어도 올바른 관리를 통해 빠른 회복에 힘써야 한다.

면역증강을 위해서 정기적인 예방접종 실시가 중요한데 학부모에게 가정통신문을 발송하여 개별 접종하도록 권장한다. 어느 해 신종플루로 환자가 180명이 생겼길래 그다음 해에는 독감예방접종확인서를 가져오도록 했더니 독감 걸린 아이가 20여 명 정도로 줄었다. 예방접종은 약화되거나 죽은 병균으로 만든 백신을 인체에 투여하여 진짜 병균 침입에 대한 방어력이 생기도록 하여 면역을 만든다. 몸속에 들어온 세균이나 바이러스 등 독소를 인지하고 이에 대항하여 싸워 인체를 보호하는 역할을 한다. 예방접종은 병균과 유사하지만 해롭지 않은 백신으로, 감염되더라도 증상이 약하게 나타난다.

전염을 막기 위해 초등학교 1학년 신입생은 학교에 들어오기 전에 예방접종을 완료했다는 증명이 있어야 한다. 입학 전 필수 예방접종은 DTaO(5차), 폴리오 4차, MMR 2차, 일본뇌염(사백신 4차 또는 생백신 2차) 접종이다. 접종 때마다 의료기관에 전산등록을 요청하면 된다. 접종이 완료되어야 학교에 입학할 수 있는데 태어나서 1학년까지 예방접종이 하나도 안 되어 있는 아이가 있었다. 간혹 몇 가지 예방접종약에 대한 부작용으로 예방접종을 시키지 않는 부모는 있었지만 이렇게 몽땅 접종하지 않은 부모는 처음이라 당황스러웠다. 부모는 자신의 소신대로 태어나서 여태껏 예방접종을 안 하고 병원에도 간 적이 없다고 했다. 보건소에서도 설득했지만 '미접종'으로 입력했다. 부모의 소신이라고는 하지만 예방접종은 나만을 위해서가 아니라 주변 사람을 지키기 위해서도 필요한 예의다. 아무리 유행성 질병이라도 위생상태만 청결하면 질병에 걸리지 않을 확률이 확연히 커진다. 신종플루 감염 때 손 씻기를 실시했더니 다른 질병들까지 확 줄었다. 손 씻기가 얼마나 중요한지를 알 수 있는 기회였다. 밖에서 돌아오거나 화장실을 사용할 때는 손을 씻고 손으로 눈, 코, 입을 만지지 말아야 한다. 재채기나 기침을 할 때는 휴지로 코와 입을 가린다.

전염병이 발생되면 빠르게 확산되는 것을 차단해야 한다. 신속한 관리체계를 구축하고 확산을 방지하기 위해 등교를 중지시킨다. 병원에서 진료 후 독감 등 감염병으로 진단되면 소견서를 제출하고 등교를 중지한다. 집단유행을 막기 위해 완치 판정이 날 때까지 등교중지를 해야 한다. 등교중지 기간에 학부모들이 학교는 안 보내도 학원에는 보내는 일이 있는데 사람들이 많이 모이는 장소인 학원이나 PC방 등에 가지 않는 게 예의다. 완치 후 소견서나 진단서를 첨부하면 출석으로 인정된다. 소견서나 진단서에는 감염병의 질병명, 발생일, 전염성 위험으로 인한 등교중지 기간, 치료약, 완치일이 반드시 명시되어 있어야 한다. 완치 후 등교 시 출석 인정으로 나이스에 입력한다. 보건교사는 감염병 관리

대장에 기록 및 관리 원본을 보관하고, 나이스 건강기록부에 입력한다. 진료확인서를 제출하지 못하는 경우 진료확인서 미제출 사유와 학부모 확인서를 첨부하고, 출석부에는 출석으로 처리한다.

때로 감염자 수가 너무 많아지면 학교휴업까지 실시한다. 한번은 전교생 1,200명 중 300여 명이 발병한 경우가 있었다. 며칠 전부터 계속 휴업을 건의해도 관리자들이 심각성을 깨닫지 못했으나 발병률이 30%가 넘자 운영위원회를 열어 휴업 결정이 내려졌다. 감염병 발생 시 종류에 따라 교육청과 방역당국 보건소에 신고해야 한다. 1종 법정 감염병, 홍역, 결핵환자는 발생 즉시 보고해야 하며, 집단식중독 및 설사 환자 2명 이상, 비법정감염병은 10명 이상 집단 발생 시 보고한다.

▣ 질환별 전염 가능 기간

병명	전염 가능 기간
유행성이하선염	증상 발현 후 9일까지
홍역, 풍진	발진이 나타난 후 5일까지
결핵	치료 시작 후 2주까지
수두	모든 발진이 가피화(딱지)되고 나서(약 7일)
소아마비	급성기 주요 증상이 없어진 후
성홍열	치료 시작 후 24시간까지
백일해	항생제 투여 후 5일까지
디프테리아	위막이 소실되고 완전히 치유될 때까지(비강, 피부에서 24시간 간격으로 채취 배양하여 균이 2회 이상 음성일 때까지)
인플루엔자(유행성 독감)	발병 후 완쾌하고 3일 후까지(증상)
비법정감염병	유행성 각결막염(아폴로 눈병), 옴, 무균성 뇌수막염 등

④

건강관리, 검강검진 필수 항목을 준비하라

초등학교 때 가장 하기 싫은 검사가 대변검사였다. 학교에서 나눠준 조그마한 비닐봉투에 변을 묻혀서 넣고 다시 흰 봉투에 넣어서 냄새 나는 것을 가방에 넣었다가 다음날 아침에 제출해야 했다. 장난꾸러기들 중에는 집에서 키우는 개똥을 넣기도 했다. 기생충이 다량 나와서 이상하다고 여겨 확인해봤다가 강아지똥임을 알게 되어 담임교사에게 혼나기도 했다. 건강검사는 학교나 가정에서 미처 발견하지 못한 질병이나 신체 이상을 미리 발견하고 치료하여 건강한 생활을 하도록 하는 것이 목적이다.

다들 건강의 중요성에 대해서 누누이 들어왔을 것이다. 아무리 많이 들어도 살아가면서 크게 아프기 전까지는 그리 심각하게 생각하지 않는다. 질병이 닥쳤을 때야 건강을 되찾기 위해 노력한다. 그래도 요즘은 전보다 건강에 대한 중요성이 커지면서 학교에서 하는 건강검사 역시 변했다. 의사가 학교에 와서 대충 얼굴 한 번 보고 끝내던 형식적인 학생신체검사 제도가 2011년부터 학생건강검사 제도로 바뀌면서, 초중고 3년에 1회씩 병원검진을 받도록 개선되었다. 이외에도 정상적으로 잘 성장하고 있는지 건강검진과 구강검진을 한다. 1학년과 4학년, 중학교 1학년, 고등학교 1학년 시기에 건강검진을 받는다. 2, 3, 5, 6학년은 구강검진과 소변검사, 키, 몸무게, 시력검사를 실시한다.

기초검사_ 건강조사서의 문진표를 통해 건강습관을 조사한 후 신체발달, 키와 몸무게를 재어 비만도를 측정한다.

근 · 골격 및 척추검사_ 척추가 휘는 척추측만증과 목이 앞으로 나오는 거북목 등 골격과 관련된 검사를 실시한다. 아이들이 1학년 때 오다가 2학년이 되어 오랜만에 보건실을 찾으면 콩나물처럼 쑥쑥 크는 것을 알 수 있다. 키도 크고 몸도 크고 얼굴도 어른스럽게 변해 간다. 한참 자라는 아이들이 제대로 잘 자라고 있는지 건강에 문제는 없는지 검진하는 것은 매우 중요하다. 아이들 또한 자신의 성장이나 신체에 대해 관심이 높다.

눈_ 눈과 관련해서는 시력과 색각을 검진한다. 오른쪽과 왼쪽 눈을 각각 따로 검사하며 안경 등으로 시력을 교정한 경우에는 교정시력을 본다. '색각이상'은 색을 전혀 알아보지 못하거나 잘 구별할 수 없는 경우를 말하며, 색을 식별하는 능력이 없거나 부족하면 '색맹'이라 하고,

색맹보다 증세가 가벼우면 '색약'이라고 부른다. 색각이상은 남자에게 많이 나타나는데 업무에 정상 색각이 필요한 경우가 있으니 미리 알아보고 진로를 선택해야 한다. 공군사관학교에서는 색맹과 색약이 제한되고, 경찰대학교나 사관학교는 색약은 가능하지만 색맹은 불합격 처리된다. 안과적 질환이 있는지 결막염, 눈썹찔림증, 사시 등도 검사한다. 눈을 자주 깜빡이고 눈을 비비는데 아이가 성장하면서 자연스럽게 호전될 수도 있지만 증상이 심하면 눈썹이 눈을 찔러 각막을 손상시키고 상처를 내어 염증을 유발하다가 각막염이나 궤양이 생겨 시력이 저하될 수도 있다.

'사시'란 두 눈이 똑바로 정렬되어 있지 않은 상태를 말한다. 어떤 물체를 주시할 때 한쪽 눈의 시선은 그 물체를 향해 있지만, 다른 눈은 그렇지 못한 경우다. 그러나 두 눈의 정렬이 정상이라 하더라도 겉으로 보기에는 사시인 것처럼 보이는 경우가 있는데 이런 경우는 '가성사시'라고 한다. 가성사시는 병적인 상태가 아니라 정상이다.

'사위'는 다른 말로 '잠복사시'라고도 한다. 이는 사시가 있더라도 평상시에는 두 눈이 똑바로 정렬되어 있으나 한 눈을 가리는 등의 방법으로 두 눈이 정렬되도록 하는 기능을 방해하면 가지고 있던 사시가 발현되는 경우를 말한다. 이외에도 눈부심, 눈피곤함, 시력저하, 흐려보임, 떨림보기 등의 증상이나 증상의 일중변동, 두통, 구토, 마비증상 등에 대해 진단하고 한쪽 시력이라도 0.7 이하일 경우 안경을 착용하도록 한다.

귀, 청력_ 청력계 등에 의한 검사로 오른쪽과 왼쪽을 따로 검사하는데 귓병중이염, 외이도염 등을 검사한다. 청력검사는 소리를 듣는 능력을 평가하는 검사로 청력이 손실되었는지를 판별한다. 소리가 잘 들리는지의 여부, 즉 청각의 예민한 정도를 측정하는 청각검사와 난청의 원인이 되는 병소를 진단하는 진단용 청력검사 2가지가 있다. 청각검사에는 오디오 미터나 소리굽쇠 등에서 얻은 순음을 이용해 최소 가청역치를 검사하는 순음역치검사법, 대화음의 청각을 검사하는 어음청력검사, 어음의 역치나 명료도를 검사하는 어음역치검사와 어음명료도검사 등이 있다. 청력은 dB로 표시되며 정상인은 0dB, 41~55dB은 경증, 60dB 이상은 난청, 71dB 이상은 중증, 80dB 이상은 귀머거리다. 진단용 청력검사에는 골도검사가 있는데 이로써 외이나 중이에 전달장애가 있는 전음 난청과 내이신경에 장애가 있는 감음 난청을 구별한다. 또 방향감각검사는 뇌손상으로 청각전도나 중추에 장애가 발생한 중추성 난청을 진단할 수 있다.

코, 목_ 부비동염, 비염 등의 검사다. 코와 인접해 있는 뼈에 있는 부비동의 급성 또는 만성 감염을 본다. 만성부비동염의 증상은 감기와 비슷한데, 코의 화농성 분비물, 호흡장애, 후각장애, 때때로 두통 등이 나타난다. 항생제 치료와 반복적인 세정으로도 상태가 호전되지 않으면 수술이 필요하다. 목병편도선비대, 경부림프절종대 및 갑상선비대 등 검사를 통해 갑상선이 있는지를 파악할 수 있다. 정밀 검사가 아니라도 주의 깊게 살펴보면 목 부위의 갑상선의 크기나 대칭 등을 볼 수 있기 때문에 손쉽게 진단할 수 있다. 이상 증후가 발견되어 학부모에게 병원 검진을 권유했더니 갑상선기능 저하증으로 판명되기도 했었다.

피부, 치아, 장기_ 피부병으로 아토피성피부염, 전염성피부염 등을 검사하는데 육안으로 보이므로 비교적 쉽게 판단할 수 있다. 구강상태로 충치, 발치, 구내염 및 연조직질환, 부정교합, 구강위생상태 등을 검사한다. 각 장기기관 능력 검사로 알레르기성 천식을 포함한 호흡기, 순환기, 비뇨기, 소화기 및 신경계통 검사를 실시한다.

소변, 혈액_ 병리 검사로 소변의 요단백・요잠혈 검사를 통해 신장질환 여부를 확인한다. 오줌에 단백질이 섞여 나오는 단백뇨와 피가 섞여 나오는 혈뇨 등의 증상이 나타나면 신장에 이상이 있다는 신호다. 비만아동에게 올 수 있는 성인병 질환에 대한 검사도 있다. 혈압계에 의한 수축기 및 이완기 혈압과 혈당, 총 콜레스테롤, AST, ALT검사를 들 수 있다. 혈액형 ABO 및 RH방식 검사를 실시한다. 소변에서 당분이나 단백이 나오면 따로 검사가 필요하다. 고지혈증은 혈액 속에 지방성분이 많이 있는 정도를 나타낸다.

그러나 여러 병원에 나누어 검사하면서 현실적인 문제가 발생했다. 병원마다 기준이 달라 어떤 병원에서는 정상이 많은 반면 어떤 병원에서는 정상이 한 명도 없는 경우가 생기는 등 검사 정확도에 대한 신뢰도가 떨어지게 된 것이다. 실제로 2007년 국정감사에서는 학생건강검사실태를 조사한 결과 A 병원에서 검진한 학생에게서는 척추측만증이 다수 발견되고, B 병원에서 검진한 학생은 척추측만증이 하나도 없어 건강검진 실효성에 대한 질책이 이어졌다.

각종 건강증진 대책을 세우면서도 관련 보건교육을 어떻게 할지는 제외하는 것도 문제라고 생각한다. 한 보건교사는 학생 건강검사의 비효율성에 대해 이렇게 이야기한다.

> "미국 등 선진국처럼 '사전 보건교육—병원검진—사후 보건교육'이라는 교육 프로그램의 일환으로 건강검사가 실시될 수 있어야 한다. 보건교육 시간이 확보되지 않아 학생들은 수동적으로 검진만 받고, 그 결과가 어떤 의미를 나타내는지 배울 기회가 없는 실정이다."

전적으로 동의한다. 건강검사와 관련한 혈압, 콜레스테롤, 비만, 체질량 지수 등에 대해 배우고, 스스로 평가할 수 있어야 아이들이 진료 주체로서의 자리매김을 할 수 있다. 각 검진에 대한 사전교육이나 사후교육이 이루어지지 않으니 학생건강검사나 소변검사 등 검진을 받고 나온 결과가 자신의 건강에 어떤 의미가 있는지를 모른다. 건강검사를 하는 이유를 제대로 모르니 아이들은 과거 강아지똥을 채변봉투에 넣듯이 소변 스틱을 물에 담그기도 한다.

일생에서 가장 중요한 성장기 아이들에게 현재와 같은 성인 형식의 건강검사를 무조건 실시하는 것이 얼마나 실효성이 있는지에 대해서도 여전히 논란이 많다. 아이들의 건강검진에 600억을 들이고, 병원이 갑이 되는 검진이 과연 의미가 있을까 생각해본다. 예방에 그 비용을 쓴다면 훨씬 효율적이지 않을까? 아이들의 건강을 위해 무엇이 우선인지 고민해봐야 한다.

아이들은 저마다 조금 빠르거나 늦다. 그러나 요즘 아이들은 남들보다 키가 작거나 가슴이 크거나 작은 것 등 남들과 다른 모습에 예민하다. 키나 외모 등 신체적으로 완벽한 외모를 강조하는 사회에서 외모로 가치판단을 받을 때 아이들은 자신의 모습이나 먹는 것에 집착하게 된다. 주로 자존삼이 낮고 정체성이 불안정한 아이들에게 많이 나타나는 증상이다.

특히 질병으로 인하여 다른 아이들과 다르다는 생각을 갖게 되면 자존감에 큰 영향을 줄 수 있다. 질병을 가지고 있는 아이들은 주변 사람들에게 알리기를 꺼려하고 질병에 대해 숨기기도 한다. 소아당뇨의 경우 보건실에서 주사하라고 해도 다른 아이들이 아는 게 싫어서 아무도 없는 화장실에서 소리소문 없이 해결하기도 한다. 주변 사람들에게 아이가 가진 질병을 이해할 수 있도록 도와주어야 하며, 질병과 함께 살아가야 한다는 사실을 받아들일 수 있도록 도와주어야 한다. 또 사춘기 변화는 지극히 정상임을 알게 해 혼자만 겪는 일이 아니라 모두 다 때가 되면 나타나는 변화에 당황하지 않고 자신을 수용하도록 하는 교육이 필요하다.

⑤

정서행동검사, 학부모에게 멱살 잡힐 각오를 하라

담임교사가 초등학교 3학년 남자아이 때문에 골머리를 썩고 있다며 상담을 부탁했다. 아이는 교사의 말을 주의 깊게 듣지 못하고 충동적인 행동을 참지 못했다. 아이들과 놀 때도 맥락 없이 대화에 끼어들고 참견하며 괴롭힌다. 자기가 원하는 것을 집요하게 요구하고 고집을 부리거나 떼를 쓰다가 받아들여지지 않는다고 생각하면 마구 화를 내서 친구들과도 어울리지 못했다. 수업시간에도 자리에 가만히 앉아 있지 못하고 마치 모터가 달린 것처럼 계속 돌아다니거나 뛰어다니고, 책상은 물론 창틀 높은 곳에 올라서는 등 조심성이 없어서 담임교사는 늘 노심초사였다. 교사가 혼이라도 내는 날에는 욕설과 함께 더욱 거칠어졌다.

교사가 가장 힘들어하는 아이는 이런 식으로 공격적인 아이다. 충동적 행동이나 과잉행동을 보여도 통제하기 어렵다. 일탈 행동을 하는 아이들은 어른들의 권위를 인정하지 않고 반항적이며 논쟁을 일삼는다. 문제는 이런 아이들이 많아지고 있다는 점이다. 학년이 올라가면서 성적 문제, 친구관계, 가정 문제 등 여러 스트레스 요인으로 인한 분노와 충동적 사고 등이 자해나 자살로까지 이어진다. 더 큰 문제는 학교에서 그치는 것이 아니라 사회 문제로 번진다는 점이다. 학교에서 제대로 치유되지 않은 아이들은 사회에 나가서도 적응하지 못하고 반항적인 태도를 보이며 범죄의 길로 쉽게 빠진다. 경찰청에 따르면 폭력범죄 중 분노로 인하여 우발적으로 일어나거나 현실에 불만이 있는 범죄가 41.3%를 차지한다고 한다.

신체건강에 조기예방이 중요하듯이 아이들의 정신건강에 대한 조기예방 역시 필요하다. 그 필요성이 높아지자 건강검진처럼 주의력 결핍이나 우울, 자살, 폭력 등의 정신적 건강에 대해서도 검진하여 조기에 상담할 수 있도록 하기 위해서 1, 4학년을 대상으로 정서행동특성화 검사를 실시한다. 우리는 최근에 시작했지만 미국의 경우에는 2차 세계대전 후 외상 후 증후군으로 힘들어하는 사람들을 대상으로 실시되었다. 병원에서 격리해서 치료하기보다는 그 사람이 살고 있는 가정과 사회 안에서 치료해야 한다는, 지역사회 안에서의 상담 및 치료의 필요성이 제기되었기 때문이다. 이런 취지로 학교 안에서도 정신건강의 위험성이 있는 학생들을 조기발견하고 조기에 치료한다는 '학교 정신보건사업'이 실시되었는데, 점차 발전하여 현재는 아이들의 정서, 행동 문제를 예방하고 관리하는 정신건강 프로그램이 개발되어 문제해결을 위해 노력한다.

정서행동특성검사는 검사도구 CPSQ-Ⅱ로 학부모 답변에 기초를 두고 아이의 성격특성과 정서·행동 발달 정도를 평가한다. 의학적 진단을 위한 평가가 아니라 집중력, 불안이나 우울, 학습 및 사회성, 예민하거나 반항적인 행동 등의 경향을 알아보기 위한 도구다. 그래서 학교생활기록부 또는 건강기록부에 일절 기재되지 않는다. 학생에 대한 모든 자료는 검사결과를 가정에 알린 후 일괄 폐기된다.

부모가 온라인에 접속하여 참여하는 것을 기초로 3개월 동안 아이의 성향을 파악하여 인터넷으로 설문한다. 솔직하고 성실한 답변을 통해 아이와 부모가 함께 성장하고 문제가 있다면 해결하기 위한 것이다. 적절한 또래관계를 유지하여 학교 부적응을 예방하고자 하는 것이 목적이다. 현재의 아이 상태와 가장 가까운 답을 체크한다. 아이의 정서

행동에 대한 질문에 학부모가 느끼고 생각하는 대로 답하면 된다. 아이의 행동을 잘 살펴 갑작스러운 눈 깜박임, 킁킁 거림, 어깨 으쓱거림 등을 반복하거나 말싸움, 주먹다툼 등 다른 아이들과 자주 다툰다거나 다른 사람의 시선을 많이 의식하고 쉽게 상처받는다는 등 아이들의 정서, 신체화 증상, 폭력, 성격, 기분, 행동, 생활적응 상태에 대해 측정한다.

관심을 가져야 할 아이들로 정서행동 문제 총점이 기준 점수 이상으로 또래에 비해 높은 경우 집중력 저하나 불안, 우울, 학습부진, 사회성부진, 짜증 등의 부정적 기분을 비교적 많이 나타낸다. 반항적 태도, 스트레스, 자기통제부족 등의 경향 역시 비교적 많다. 상담이 필요하다고 판단되면 전문기관인 WE센터 정신건강복지센터, 병의원 등 2차적인 도움이 필요하다.

아이와 상담하다 보면 많은 상처를 드러낸다. 특히 자해하는 아이의 경우 학부모님께 "아이가 정신과 진료를 받아보는 건 어떨까요?"라고 권유하는데, '정신과'라는 단어를 듣는 순간 표정은 순식간에 일그러지고 그 자리를 외면하거나 버럭 화를 내는 반응이 보통이다. 이럴 때면 대화를 어떻게 이어나가야 할지 난감하다. 한 중학교 교사는 학부모와 학생에게 정신과와 산부인과 진료에 대해 권유할 일이 생기면 매번 등줄기로 식은땀이 흐른다고 고백했다. 고소 고발을 들먹이는 것은 약과일 정도로 학부모의 심한 저항이 있기 때문에 그저 상담으로 멈추며 안타까움을 삼켜야 한다.

'정신과'라는 말을 해야 할 경우엔 학부모에게 멱살 잡힐 각오까지 해야 하는 게 현실이다. 담임교사가 아이들에게 도움을 주고 싶어 상담을 받아보라는 말을 하고 싶어도 엄마들은 담임이 아이를 미워한다고 생각하기 때문에 말할 수 없다고 한다. 여전히 정신과에 대한 인식이 편견으로 고정되어 있다. 미친 사람들이 가는 곳이라거나 그 이력이 아이에게 나쁜 기록으로 남을까봐 우려한다. 이럴 경우 보건교사는 먼저 아이의 증상에 대해 이해시키고, 아주 조심스럽게 말을 돌리면서 신경성이나 스트레스성으로 인하여 상담받는 곳이라고 차분히 이해시키는 배려가 필요하다. 마음 터놓고 정신건강에 관해 말할 수 있는 것이 가장 좋지만 여전히 견고한, 성과 정신에 대한 고정관념이다. 특히 정신과적인 문제는 의지의 문제라고 생각하기 때문에 고통을 감추거나 제때 치료받지 못하는 경우가 많다. 조기에 문제를 발견하고 도와주면 회복되어 정상적인 일상으로 그만큼 빨리 복귀할 수 있다는 것을 알려야 한다.

아이들의 문제가 환경적인 영향인지, 생리적인 문제인지 뇌파검사를 통해 정확히 파악할 수 있다. 우울증, 반항장애, ADHD(주의력 결핍 장애) 등 아이의 상태에 따라 적절한 약물치료와 상담치료를 병행해 문제를 해결할 수 있다. ADHD처럼 뇌 문제로 인한 병을 간과하면 아이가 집중력이 부족하고 학습능력이 떨어지는 등 부모 및 친구들과도 부정적인 관계가 지속되어 적대적이고 반항적인 행동을 보이게 된다. 커서는 반사회적 행동을 하게 될 확률이 높아진다. 어렸을 때 제대로 치유되지 않으면 사춘기 때 반항으로 나타나고, 그대로 어른이 되면 심각해질 수 있다.

연수를 받았던 한 정신과 교수는 "뇌 이상으로 산만하고 충동적인 행동을 보이는 아이에게 치료가 아니라 혼을 내면 반항적인 태도가 생기기 마련"이라며 "약물치료로 충동성을 조절하면 혼날 일이 없어지면서 반항하던 아이가 온순해지기도 한다"고 이야기해주었다. 학교나 가정에서 ADHD, 우울증, 불안장애와 같은 또 다른 동반증상이 있는지 자세히 살펴서 확인하는 것도 필요하다. 정확히 진단하기 위해서는 일차적으로 체질 및 발달사항, 각종 척도를 통한 증상평가, 두뇌 주의력검사, 뇌 기능 검사를 실시하며, 필요할 경우 신경인지와 학습에 대한 검사까지 진행한다. 정확한 검진을 통하여 아이들을 도와줄 수 있는 최선의 방법을 찾아야 한다.

정신을 차리지 않아서 생기는 의지의 문제라고 보는 고정관념을 버리자. 질병 걸린 사람에게 왜 병에 걸렸냐고 책임을 지우지 않는 것처럼 마음이 아픈 아이에게 책임을 지우지 말고 치료를 해주어야 한다. 마음이 아픈 아이들에게 '정신 차리라'는 말은 자기비하로 이어져 상처가 되므로 그만두어야 한다. 누구나 밝고 건강한 삶을 살아가고 싶어 한다. 그건 의지의 문제가 아니다. 어떠한 문제가 있고 무엇 때문에 힘들어하는지 어떻게 하면 건강한 마음을 가질 수 있는지 긍정적인 방향으로 아이가 건강하게 성장할 수 있도록 정신병에 대한 인식을 개선해야 한다.

정신과 의사들은 정신건강 서비스만으로는 일상 속에서 정신적으로 힘들어하는 많은 아이들에게 도움을 줄 수 없다고 말한다. 아이들이 병원을 찾아오는 시기는 대부분 이미 증상이 심각해진 이후라 회복에 많은 노력과 시간이 필요하다는 것이다. 신체 또한 치료를 받지 않고 방치하면 더 곪아져서 더 큰 병이 된다. 정신도 마찬가지다. 정신과의 문은 여전히 너무 높아서 아이가 문제행동을 일으키고 집에서 어쩌지 못할 정도로 손을 쓸 수 없을 때가 되서야 겨우 병원을 찾는다. 그래서 학교에서 예방차원으로 검사하고 위험요소를 발견하고 조기에 치유할 수 있는 기회가 필요하다.

아이가 다른 사람에게 피해를 입혀 학업, 친구, 선생님, 부모와의 관계에 '문제'가 생길 경우 반항하는 아이들에게 필요한 것은 처벌만이 아니다. 아이들과 함께 많은 시간을 보내는 교사나 보건교사, 상담교사가 지도하는 과정에서 아이들의 부적응이나 신체화 증상을 조기에 발견하고 직접 상담을 하거나 전문상담기관으로 연결해줌으로써 문제의 심각성을 줄일 수 있다. 문제행동을 문제로만 보고 처벌 중심으로 해결한다면 아이는 더 커다란 문제를 일으킨다. 상처받은 아이를 도와주는 치료적 접근이 필요하다.

⑥

아동학대, 성폭력 SOS, 신고정신으로 똘똘 뭉친 교사가 돼라

가정과 학교에서 가장 보호받아야 할 존재지만 실제로는 아픔을 겪는 아이들이 많다. 아이를 자신의 소유물처럼 취급하여 가정에서 학대를 당하거나 왕따, 학교폭력, 성폭력 등 몸과 마음에 상처를 가지고 살아간다. 가끔 어른들에게 맞거나 폭언을 당하는 등 상처를 입은 아이들이 치료를 받으러 온다. 살펴보면 허벅지나 종아리, 등에 맞은 자국이 남아 있다. 어떤 아이는 전날 맞았는지 "엄마가 아침에 보건실에 가서 치료받고 냉찜질하고 아프면 진통제 먹고 상처가 안 보이게 파스를 붙이든지 붕대를 감아달라고 하라고 했어요"하며 상처를 내민다. 한 아이는 정도가 심했다. 상처가 났다며 치료를 받았는데 아이의 팔뚝에 멍자국이 보였다. 이런저런 상담을 하다가 몸을 보았는데 팔뿐만 아니라 온몸이 멍투성이였다. 엄마는 가출하고 아버지, 오빠랑 셋이 사는데 살림을 잘하지 못한다고 수시로 맞는다고 했다. 하나같이 자신이 당하는 폭력에 대해 나쁘다는 것 자체를 인식하지 못하고 있었다. "제가 맞을 짓을 해서 맞았어요."

이렇게 맞고 자란 아이들이 과연 정상적으로 클까? 전문가들은 우리를 놀라게 하는 살인, 폭력, 성폭행 등을 저지른 범죄자 상당수가 학대와 폭력을 겪으며 성장기를 보냈다고 이야기한다. 다른 사람들의 감정을 이해하지 못하고 상식적으로 이해되지 않는 끔찍하거나 괴상한 행동을 하는 사이코 패스들을 보면 어린 시절 학대받은 경험이 많다는 보고 또한 적지 않다.

뇌과학자들은 아동학대 같은 만성적인 외상은 스트레스를 조절하는 뇌의 HPA 시스템이 제대로 작동하지 않게 만든다고 말한다. 과도한 스트레스 반응을 일으키거나 스트레스에 둔감한 반응을 보이게 만드는데 대개는 2가지 증상 모두 나타난다. 스트레스 반응에 둔감한 사람들은 주변에서 벌어지는 일을 전혀 알아차리지 못하는 듯 행동하기 때문에 사람들과 어울리지 못하게 된다. 반대로 스트레스 반응이 지나치게 활성화되면 조금만 위협을 느껴도 과민반응을 보인다.

학대는 아이들에게 정신적으로 큰 충격이 된다. 학대받고 있는 아이들은 사랑받지 못하는 하찮은 존재라는 부정적인 자기상을 갖게 된다. 학대에 노출되는 아이는 수동적이거나 위축된 행동, 새로운 대인관계나 활동에 참여하는 것에 대한 두려움, 불안과 공포를 느끼며 학업성적 저하, 학교 적응의 어려움 등을 보인다. 아이들은 본인의 갈등상황이나 어려움을 해결할 때 인내, 대화 등 부모가 하는 방식 그대로를 배운다. 학대받은 아이들은 자신보다 약자인 사람들에게는 학대받았던 방식 그대로 폭력을 사용한다. 다른 사람을 믿지 못하고 사랑하지 못하고 화와 분노로 타인이나 자신에게 파괴적 또는 학대적 행동, 자살 생각을 하게 된다. 실제로 학대를 당한 아이들은 정서적 파괴와 비행에 쉽게 노출되는 것으로 분석됐다. 2014년 복지부가 실시한 아동학교 실태 분석결과 학대 피해 아동들은 반항 · 충동 · 공격성을 드러내거나 학습부진, 학교 부적응, 가출 등의 행동을 보였다. 심리적으로는 불안, 주의산만, 낮은 자아존중감 등의 문제를 보였다.

어린 시절 학대받았던 기억은 어른이 되어서도 다른 사람과 친밀한 인간관계를 형성하는 것을 어렵게 만든다. 특히 어른으로서 남녀 간의 신체적인 친밀함, 접촉, 신뢰 등에 어려움을 느낀다. 또한 과거 학대

받았던 기억이 반복적으로 스쳐지나가거나 악몽에 시달리는 불안 등은 우울, 약물과 알코올 남용, 신체 질환, 학교나 직장에서의 문제들을 갖게 만들 위험이 높다. 학대받은 아이들 중 많은 수가 나중에 자신도 모르게 무의식적으로 자신의 아이를 학대하는 부모가 되기도 한다. 눈에 보이지 않는 상처, 마음의 상처를 '시간이 지나면 저절로 해결되겠지' 하고 넘기면 살아가는 데 후유증이 나타날 수 있다.

그러나 여전히 학대는 가정 내 일이라는 생각으로 아이의 보호와 돌봄의 시기를 놓치곤 한다. 어떤 보건교사가 초등학교 3학년을 대상으로 알코올의 해로움에 대해 수업하는 중이었다. 수업 도중 너무나 해맑게 큰소리로 "우리 엄마는 맨날 술 마셔요! 그리고 가끔 때릴 때도 있어요"라고 말하는 아이가 있었다. 수업 끝나고 상담을 해야겠다고 생각했으나 보건실에 밀려드는 아이들을 상대하느라 그 일을 잊었다. 얼마 지나지 않아 그 학생이 보호소에 들어갔다는 소문이 있어 담임에게 확인해보았더니 엄마가 알코올 중독으로 아이들을 잘 돌보지 않고 술에 취하면 아이들을 구타하여 이웃집에서 아동폭력으로 신고했다고 한다. 아이는 그 뒤로 학교에 오지 않고 보호소에 있으면서 그곳에 소속된 학교에 다닌다고 했다. 아이에게 어찌나 죄스럽고 미안하든지 그때 해맑은 아이의 모습에 너무 안일하게 넘어간 자신이 너무 부끄러웠다고 한다. "내가 알아차리고 신고라도 했으면 덜 맞았을 텐데." 담임교사나 보건교사와 함께 학부모 상담 후 실제 학대가 의심된다면 학교경찰관에게 신고해야 한다. 신체적 학대가 유일한 아동학대는 아니다. 많은 아동들이 정서적 학대, 성 학대, 방임 및 유기로 피해를 입고 있다.

신체적 학대_ 아동의 신체에 손상을 주는 학대 행위다. 보호자를 포함한 성인이 아동에게 우발적 사고가 아닌 상황에서 의도적으로 신체손상을 입히거나 또는 신체손상을 입도록 한 모든 행위를 말한다. 물건을 던지거나 때리거나 떠밀고 움켜잡거나 뺨을 때리는 행위, 반복적으로 꼬집거나 할퀴거나 발로 차거나 물어뜯고 주먹으로 두들겨 패는 행위 등을 들 수 있다.

정신적 학대_ 아동의 정신건강 및 발달에 해를 끼치는 정서적 학대 행위다. 아동의 인격이나 감정, 기분을 심하게 무시하거나 모욕하는 행위, 좁은 공간에 장시간 혼자 가두거나 나가 죽으라고 하며 원망적, 거부적, 적대적 또는 경멸적인 언어폭력, 집 밖으로 쫓아내거나 잠을 재우지 않거나 발가벗겨 내쫓는 행위 등을 들 수 있다.

성 학대_ 아동에게 성적 수치심을 주는 성희롱, 성폭력 등의 학대 행위다. 성인이 아동에게 자신의 성기나 신체를 만지도록 하거나 아동의 성기를 만지는 행위, 아동의 옷을 강제로 벗기거나 키스하는 행위, 강간 같은 접촉 행위 등을 들 수 있다.

방임 학대_ 자신의 보호·감독을 받는 아동을 유기하거나 의식주를 포함한 기본적 보호, 양육치료 및 교육을 소홀히 하는 행위를 말한다. 기본적인 의식주를 제공하지 않는 행위, 보호자가 아동들을 가정에 두고 가출한 경우, 병원에 입원시키고 사라진 경우가 이에 속한다. 특히 교육적 방임으로 보호자가 아동을 학교에 보내지 않거나 아동의 무단결석을 허용하거나 학교 준비물을 챙겨주지 않는 등도 해당한다. 의료적 방임으로는 아동에게 필요한 의료적 처치를 하지 않는 행위, 예방접종이 필요한 아동에게 예방접종을 실시하지 않는 행위, 장애 아동에 대한 치료적 개입을 거부하는 경우 등을 들 수 있다. 보호자가 아동을 보호하지 않고 버리는 유기도 이에 속한다.

누구든지 학대 피해아동 발견 시 아동보호전문기관에 신고해야 한다. 부모에게 외면받는 아이는 누군가가 도움을 주어야 한다. 학교, 센터 등 지역사회의 도움과 지지 역시 절대적으로 필요하다. 심리적 안정감을 제공해 그 자신이 주변 사람들로부터 사랑받고 있다는 것을 느끼게 해주는 것으로 존중감, 애정, 신뢰, 경청, 관심, 배려를 제공해야 한다. 나아가 상황에 대한 제안, 정보 및 지시 등 사건 해결과 관련된 정보와 지식을 제공해야 하며, 아이에게 필요한 현물, 노동력, 시간, 물건 등도 필요하다.

아이를 위해 신고해야 한다. 적절한 치료를 받지 않으면 신체적으로 학대받은 아동들은 평생 동안 상처를 안고 살아가야 하기 때문이다. 조기발견과 치료가 학대의 장기적인 영향을 최소화하는 데 중요하다. 학대를 당한 아이들은 자신을 사랑하지 않는다는 심리적 충격과 폭력에 대한 공포가 있다. 초기에 치료하지 않으면 외상 후 스트레스 장애가 우울증으로 악화되거나 자살로 이어지는 등 심각한 문제가 발생한다. 관심을 갖고 살펴보면 아이들은 숨겨 놓은 이야기를 꺼내 놓는다. 비난이나 비판 없이 자신을 있는 그대로 받아들인다고 생각할 때 아이들은 자신만의 비밀을 이야기한다. 어느 누구도 아이를 함부로 해서는 안 된다는 것을 스스로 알도록 해주어야 한다.

※ 학대 신고: 1577-1391(아동보호전문기관) 또는 129(보건복지콜센터)

에필로그

교사와 아이들은 상처를 통해 성장한다

모든 사람들이 편한 직업이라며 딸을 낳으면 보건교사를 시키겠다고 한다. 그렇지만 나는 절대 보건교사는 하지 말라고 할 것 같다. 학교 주변부에 머물며 교사로서 인정받지 못한 채 일의 가치가 부정되고, 소외감을 받으며 생활하는 것이 힘들었기 때문이다. 그것이 나의 상처인 셈이다.

각자 나름의 상처가 있다. 아이들이든 교직원이든 누구나 상처를 안고 살아간다. 말이나 행동으로 자신도 모르게 상대방에게 상처를 내거나 받는다. 사소하게 별것 아니라고 생각하며 지나쳤던 생각과 말과 행동이 타인의 마음에 상처를 낸다. 다른 사람뿐만 아니라 스스로에게도 상처를 주고 화가 나서 침잠하기도 한다. 작은 상처라도 방치하면 커지고, 작은 슬픔을 방치하면 우울증이라는 질병이 된다. 아프다는 것은 자신의 상태를 점검해봐야 한다는 신호다. 이 신호를 무시하고 그냥 가면

걷잡을 수 없는 큰 병이 되기도 한다. 제때 제대로 치유되지 않으면 성장할 수 없다. 작은 상처가 커다란 흉터가 되어 평생 남기도 하고, 죽음까지 가기도 한다. 그러나 감히 단언컨대 모든 괴로움과 시련, 그리고 상처는 충분히 이겨낼 수 있는 것들이다. 인생에서 기쁘고 나쁜 일의 총량은 같다는 말을 믿어야 한다.

아픈 상처가 몇 마디 말로 치유될 리 없고, 대충 연고 바르고 밴드 붙인다고 아픈 데가 당장 사라질 리 없다. 그러니 상처 자체가 아니라 상처받은 시기를 어떻게 보내느냐에 집중해야 한다. 몸에 상처가 나면 몸은 스스로 재생연고를 만들어낸다. 재생연고가 부족할 때면 옆에 있는 누군가의 도움이 그 시기를 수월하게 넘어설 수 있도록 만든다. 아이들은 아프면서 큰다는 말처럼 우리는 상처를 이겨내면서 성장한다. 우리에게는 언제나 정상으로 돌아가려는 항상성 즉 탄력회복성이 있다. 아프다는 것은 성장할 수 있는 기회이기도 하다. 상처를 치유하고 다시 정상으로 돌아오면 되는 것이다.

자존감이 약해지면 아무도 알아주지 않아 마음에 상처를 입는다. 또는 다른 사람보다 부족해서 열등감을 갖거나 예쁘지 않다고 스스로를 비하하며 상처를 받기도 한다. 이럴 때 누군가가 있는 그대로인 나를 받아들여준다면 상처는 치유될 것이다. 할 수만 있다면 잠시 멈춰 서서 그 사람이 상처를 치유하고 회복할 수 있도록 옆에서 지그시 바라봐주고 들어주자. 다시 성장할 수 있는 힘이 생기도록 기다려주는 것이다. 내 앞에 있는 사람을 있는 그대로 받아들여주고 더 많이 웃어주고, 나의 행동과 말이 해도 되는 것이었는지 스스로를 살펴보자. 사람들에게서 상처받는 것, 세상으로 상처받는 것으로부터 벗어나 성장할 수 있도록 서로에게 힘이 되어주는 학교문화가 되었으면 한다.

행복한 교육학®

'함께하는 교육, 100년의 약속'을 위한 행복 교육 프로젝트

No.01 김성효 글 | 홍종남 기획

학급경영 멘토링

No.02 김성효 글 | 홍종남 기획

기적의 수업 멘토링

No.03 이경원 글 | 홍종남 기획

교육과정 콘서트

No.04 김성효 글 | 홍종남 기획

행복한 진로교육 멘토링

No.05 이성대 외 글 | 홍종남 기획

프로젝트 수업, 교육과정을 만나다

No.06 이성대 글 | 홍종남 기획

혁신학교, 행복한 배움을 꿈꾸다

No.07 정민수 글 | 홍종남 기획

수업도시락, 성찰과 협력을 담다

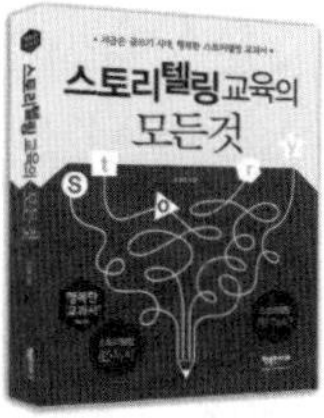

No.08 조정래 글 | 홍종남 기획

스토리텔링 교육의 모든 것

No.09 최무연 글 | 홍종남 기획

나는 수업하러 학교에 간다

No.10 정민수 글 | 홍종남 기획

수업성숙도, 교사의 강점을 담다

No.11 이현정 외 글 | 홍종남 기획

프로젝트 수업, 배움을 디자인하다

No.12 김진수 글 | 홍종남 기획

행복한 수업을 위한 독서교육 콘서트

No.13 이성대 글

배움이 없는 학교, 프레임을 바꿔라

No.14 최무연 글 | 홍종남 기획

수업은 기획이다

No.15 정선아 글 | 홍종남 기획

교사는 아이들과 함께 성장한다

No.16 하건예 글 | 홍종남 기획

교사, 교육전문가로 성장하다

No.17 이경원 글 | 홍종남 기획

교사의 탄생

No.18 김경훈 글 | 홍종남 기획

토의토론수업, 배움을 디자인하다

No.19 최무연 글 | 홍종남 기획

교육과정 문해력, 배움을 디자인하다

No.20 김진수 글 | 홍종남 기획

교사가 성장하면, 수업도 성장한다